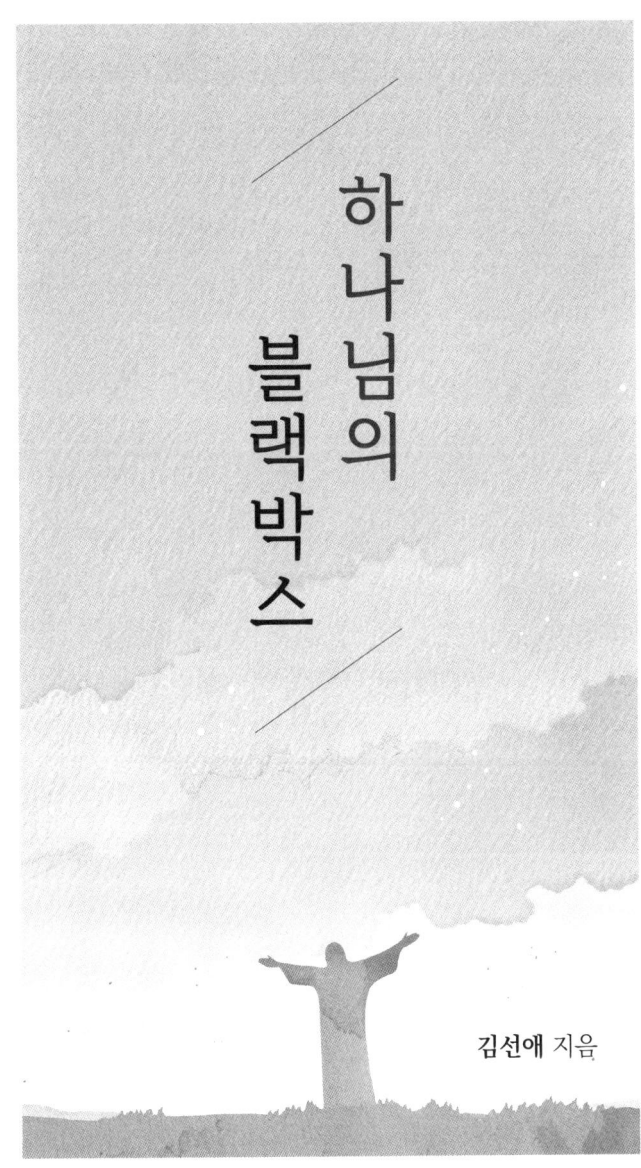

# 하나님의 블랙박스

김선애 지음

하움

(목차)

|| 프롤로그    5
|| 추천글     8

**PART 1**

## 하나님이 시작하시다    *14*

"인생의 첫 장면부터 이미 하나님이 함께하셨다."

어린아이의 첫 기도, 눈물 속 속삭임,

작은 유혹의 순간까지… 하나님은 시작부터 나를 붙드셨다.

| | |
|---|---|
| 1. 동행의 시작 | 17 |
| 2. 눈물 속 기도, 조용해진 밤 | 23 |
| 3. 하나님께서 지켜 주신 첫 유혹의 순간 | 26 |
| 4. 방안퉁수에서 하나님께 헌신하는 교사로 | 30 |
| 5. 세례와 하나님의 훈련 | 34 |
| 6. 예수님의 얼굴을 본 날, 성령의 선물을 받은 날 | 39 |
| 7. 길 잃은 순례자, 하나님께서 인도하신 밤 | 43 |
| 8. 죽음에서 건지신 하나님의 손 | 49 |

## PART 2
## 문제를 통해 하나님의 사랑을 가르치시다　　　***55***

"광야는 끝이 아니라, 하나님을 만나는 자리였다."

눈물의 훈련, 버티는 믿음, 그리고 가정을 통해 배우는 동행…
시련 속에서 드러나는 하나님의 사랑법.

| | |
|---|---:|
| 9. 잊지 않으신 하나님 | 57 |
| 10. 본부교회 - 거룩한 백성으로 부르신 하나님 | 64 |
| 11. 믿음으로 버티는 힘 | 69 |
| 12. 둘이 함께 걷는 길 | 76 |

## PART 3
## 하나님이 시작하신 일, 끝까지 이루신다　　　***82***

"하나님은 나의 실패마저도 사용하셔서 사명으로 빚으신다."

기도의 유산, 열등감을 뽑아내는 손길,
준비된 선교의 길, 그리고 순종의 여정.

| | |
|---|---:|
| 13. 기도라는 숨결을 남긴 사람 | |
| 　　(故 조영임 권사님을 기억하며) | 88 |
| 14. 열등감, 하나님이 만지신 가장 깊은 뿌리 | 94 |
| 15. 선교, 하나님이 이미 다 준비해 두신 길 | 103 |
| 16. 마이크를 쥔 순종의 여정 | 110 |

## PART 4
## 하나님 안에서, 하나님과 함께, 하나님을 향하여 *116*

"섬김은 선택이 아니라 정체성이다."

신학은 핑계였지만 복음은 이유였다. '그리스도인'이라는 이름을 지켜내며 오늘도 하나님 나라를 향해 걷는다.

| | |
|---|---|
| 17. 신학은 핑계, 복음은 진짜 이유 | 119 |
| 18. 그리스도인이라 불리는 이름 | 127 |
| 19. 블랙박스가 열리던 날 | 134 |
| 20. 눈물의 기도로 세워지는 믿음의 가정 | 141 |
| 21. 눈 덮인 아침, 사역자의 교만을 꺾으신 하나님 | 147 |

‖ 에필로그 151

"하나님의 블랙박스는 여전히 '녹화 중'이다."

아픔과 눈물까지 기록하시는 하나님. 멈춤의 순간조차 하나님의 은혜였음을 고백하며, 기록자로의 부르심에 순종하다.

프롤로그

"영접하는 자 곧 그 이름을 믿는 자들에게는
하나님의 자녀가 되는 권세를 주셨으니
이는 혈통으로나 육정으로나 사람의 뜻으로 나지 아니하고
오직 하나님께로부터 난 자들이니라."
(요한복음 1:12-13)

## 나의 이야기 고백

나는 늘 하나님 앞에 솔직했다.

두려움이 밀려올 때도, 눈물이 멈추지 않을 때도, 감사가 넘칠 때도…

숨김없이 하나님께 다 털어놓을 수 있었다.

그것이 어린 시절, 파란 대문 앞에서 드린 첫 기도에서부터 시작되었다.

그때는 잘 몰랐다. 하지만 지금 돌아보면, 그 순간은 단순한 어린아이의 기도가 아니라,

하나님께서 내 인생의 블랙박스 녹화를 시작하신 때였다.

내가 잊어버린 순간도, 아무도 몰랐던 눈물도, 그분은 하나도 놓치지 않으셨다.

때로는 내가 원치 않는 방식으로, 때로는 전혀 예상치 못한 순간에

하나님의 블랙박스는 열리며 나를 이끌어 주셨다.

이 책은 나의 기록이면서 동시에 하나님의 기록이다.

내가 써 내려간 줄 알았던 인생의 이야기들이 사실은

하나님의 손 안에서, 하나님의 기억 속에서 이어져 온 이야기임을 깨닫게 되었다.


## 글 전체 방향

《하나님의 블랙박스》는 나의 자서전이 아니라,

하나님이 나의 삶을 통해 어떻게 일하셨는지를 증거하는 책이다.

골목길 첫 기도의 응답에서 시작해, 말더듬이였던 내가, 지금은 교회학교 교사로, 그리고 강사가 되기까지,

성령의 체험, 죽음에서 건지신 은혜, 광야 같은 훈련,

그리고 가정과 사역, 선교의 길까지… 모든 이야기는 하나님의 블랙박스에 담겨 있다.

이제 나는 고백한다.

"내가 살아온 길은 우연이 아니라, 모두 하나님의 기억 속에 남아 있던 은혜의 기록이었다."

이 책을 읽는 모든 분들도 자신의 삶에도

하나님의 블랙박스가 있음을 깨닫게 되기를 바란다.

그리고 언젠가 하나님께서 그 블랙박스를 열어 보여주실 때,

"내가 너와 함께 했다"는 그분의 음성을 함께 들을 수 있기를 소망한다.

**추천사 1**

# 『하나님의 블랙박스』 출판을 축하드립니다

이 책의 저자인 김선애 선생은 저의 귀한 제자로서 항상 기대가 컸습니다. 이번에 책의 출판에 즈음하여 추천의 글을 쓰게 된 걸 기쁘게 생각합니다. 『하나님의 블랙박스』라는 책은 하나님께서 김선애 선생에게 부탁하신 것에 성실히 응답하기 위해 쓴 책이 아닌가 하는 생각이 듭니다.

중세 유럽에서 성행한 기독교 신학에 중심을 둔 철학적 사상으로 '스콜라 철학'이라는 게 있습니다. 중세 스콜라학은 하나님은 두 개의 책을 통해 인간에게 자신의 이야기를 전하고 있다는 기본적 생각이 있었습니다.

하나는 우리가 잘 알고 있는 '성서'입니다. 또 하나는 '자연'이라는 책을 썼다는 것입니다. 아마 자연 현상을 보게 되면 과학으로서는 도저히 설명할 수 없는 사실을 발견하면서 전지전능한 하나님의 존재를 인정할 수밖에 없기에 이런 이야기가 나온 것 같습니다.

저는 하나님이 또 하나의 책을 우리에게 선물로 주셨다고 생각합니다. 그런데 그 책은 우리 각자에게 대신 써 달라고 부탁하신 책이라고 생각합니다. 그 내용은 우리 각자가 자신의 삶을 통해서 경험한 하나님의 사랑을 기록한 책을 기대하신다고 생각합니다.

『하나님의 블랙박스』라는 책은 하나님의 이런 부탁에 대해 성실히 응답한 김선애 선생의 모습이라는 생각이 듭니다. 왜냐면 이 책은 김선애 선생님이 유년 시절부터 현재에 이르기까지 삶의 고비마다 기록한 하나님의 은혜와 동행의 흔적을 담고 있기 때문입니다. 그래서 이 책을 통해 우리 각자에게 언제나 함께하시는 하나님의 모습, 삶의 모든 순간 순간마다, 그리고 우리의 작은 기도와 눈물까지도 기억하고 계시는 하나님의 사랑을 느낄 수 있다고 생각합니다.

그러기에 저는 『하나님의 블랙박스』를 독자들에게 기쁜 마음으로 적극적으로 추천하고 싶습니다.

서울신학대학교 아동보육학과 명예교수 현정환

추천사 2

# 하나님의 블랙박스

어느 날 전도사님에게 전화가 왔습니다. 출판에 대해 이것저것 물으며 하나님께서 출판하기를 원하신다며 『하나님의 블랙박스』라는 제목까지 주셨다고 말할 때 제 입가에는 미소가 지어졌습니다.

'드디어 올 것이 왔구나!'

전도사님과의 인연은 성서신학원 입학 상담을 하게 되면서부터였습니다. 말수가 적었지만, 책임감 있는 듬직한 학생이었습니다. 졸업 후 간간이 교제를 이어 오고 있었는데, 지난해 전도사님에게 전화가 왔습니다. "목사님, 저 갑상선암 진단받았어요." 조심스럽게 아마 제가 한 해 전에 갑상선암 수술을 한 선배라 두려움 반, 걱정 반으로 연락한 것 같습니다. 첫 마디에 "전도사님, 축하해요. 아마 질병을 통해 하나님께서 깊은 비밀을 주실 거예요."라며 축하해 준 기억이 있습니다.

저 역시 갑상선암을 통해 하나님과 깊은 교제를 나누게 되었고, 『기도의 비밀』이란 책을 출판하게 되었으니까, 전도사님에게도 주님은 같은 뜻이 있을 것을 믿고 그렇게 될 것을 선포해 주었습니다.

그리고 채 일 년도 되지 않아 전도사님으로부터 책 출판 소식을 듣게 되었습니다. 『하나님의 블랙박스』, 제목만 들어도 너무나 가까이서 우리를 감찰하시는 주님이 떠오릅니다. 전도사님의 책 서두에 피력했듯이 하나님께서 전도사님이 이 세상에 태어나 지금까지 과정에 개입하신 하나님, 그 하나님이 행하신 이야기들을 기록하여 다른 사람에게 전하라는 것입니다.

전도사님의 인생에 나타난 하나님의 이야기,
사도행전 29장의 이야기들이 이 책을 통해 기록될 것입니다.

자신의 약점을 들어 강하게 역사하시는 하나님, 힘든 여정 속에 늘 가까이 계신 하나님, 그 과정을 잘 극복하게 하시고 이제는 사역자로 사용하시는 하나님의 이야기가 많은 사람에게 소망이 될 것입니다.

"하나님께서 나의 모든 순간을 블랙박스에 기록해 두셨다."

참 두렵기도 하고 안심이 되는 말씀입니다. 그만큼 나의 안전을 책임지시는 하나님을 발견할 수 있고, 다른 한 편으로는 부끄러운 나의 행동들이 다 기록되어 있다는 것입니다.

이 책을 통해 하나님은 침체된 영혼에게 생수를 공급하실 것이고, 갈 길을 몰라 헤매는 영혼에게 길잡이가 될 것입니다. 주님으로부터 흘러나온 생명수는 다른 사람의 갈증을 해갈하는 귀한 통로가 될 것입니다.

독자들에게 '하나님은 우리의 모든 것을 다 기억하시니 기죽지 말고, 소망을 찾게 되기를 기도하는 마음'으로 추천사를 적어 봅니다.

김선애 전도사님을 사랑하는
하나님 나라의 동역자 백만숙 목사

### 추천사 3

주님 안에서 신실한 동역자인 김선애 권사님(전도사)이 저술한 『하나님의 블랙박스』를 추천하게 되어 매우 기쁩니다.

한 사람의 인생 여정을 돌아보면, 하나님의 부르심과 인도하심이 드러납니다.

권사님의 어린 시절부터 인생의 중년에 이르기까지 수많은 시련과 고난 중에도 약할 때 강함 주시는 하나님의 손에 붙들려 살아온 날들이 참으로 귀하고 복됩니다.

지금은 평신도 사역자요, 목회자로서 영성과 인성을 균형 있게 잘 갖추어 착하고 충성스럽게 맡은 사역에 임하고 있으니 자랑스럽습니다.

오늘도 전쟁터와 같은 삶의 자리에서 힘겹게 고군분투하며 살아가고 있는 분들께서 이 책을 읽으신다면 큰 위로와 도전과 소망을 갖게 될 것을 확신하며 강력하게 추천합니다.

향기나는교회 담임목사 김호윤

(부천노회 노회장)

**PART 1**

# 하나님이 시작하시다

처음부터 하나님이 계셨다.
내가 알기도 전에,
내가 준비되기도 전에,
주께서 먼저 나의 이야기를 열어 가셨다.
나의 시작은 곧
하나님의 은혜의 기록이었다.

"내가 너를 모태에 짓기 전에 너를 알았고 네가 배에서 나오기 전에 너를 성별하였고 너를 여러 나라의 선지자로 세웠노라 하시기로." (예레미야 1:5)

## 1. 동행의 시작
닫힌 대문 앞, 두려움 속에서 처음 드린 어린 기도는 하나님이 이미 곁에 계심을 알게 한 순간이었다.

## 2. 눈물 속 기도, 조용해진 밤
부모님의 다툼 속에서 흘린 눈물의 기도는 아이의 작은 울음조차 들으시는 하나님을 경험하게 했다.

## 3. 하나님께서 지켜 주신 첫 유혹의 순간
하나님은 전화 한 통으로 나를 건지셨다. 사람들의 손길과 상황까지 사용하시며 유혹에서 지켜주신 하나님의 은혜였다.

## 4. 방안통수에서 하나님께 헌신하는 교사로
말더듬이로 드러날까 두려워 숨어 지내던 아이가, 간절한 서원 기도 끝에 하나님은 연약한 입술을 사용하셔서 교사로 세우셨다.

## 5. 세례와 하나님의 훈련
거짓된 고백으로 받은 세례였지만, 하나님은 그마저도 지나치지 않으시고 훈련으로 진짜 믿음을 세워 가셨다.

## 6. 예수님의 얼굴을 본 날, 성령의 선물을 받은 날

예수님의 얼굴을 보여 달라 간구하자 놀랍게 응답하신 하나님. 그날 부흥집회에서 성령의 임재와 방언의 은혜를 받고, 내 신앙의 방향이 바뀌는 전환점을 맞이했다.

## 7. 길 잃은 순례자, 하나님께서 인도하신 밤

산속에서 길을 잃고 두려움에 떨던 순간, 간절한 기도 후 들려온 물소리를 따라가 안전히 돌아올 수 있었다. 하나님은 방황하는 순례자까지 인도하시는 분이심을 체험한 밤이었다.

## 8. 죽음에서 건지신 하나님의 손

절망 속에 스스로 생을 끊으려 했던 순간에도 하나님은 나를 붙드셨다. 살아남은 것은 우연이 아니라 하나님의 강한 손길이었으며, 생명은 주님의 거룩한 선물임을 깊이 깨닫게 된 사건이었다.

# 1. 동행의 시작

모태신앙인 나의 기억 속 대부분의 공간은 난곡중앙교회였다.

우리 엄마는 늘 '만년 권찰(勸察)'로 불리셨다.

지금은 대부분의 교회에서 '권찰'이라는 직분이 사라지고, 바로 집사로 임직되는 구조가 되었지만, 그 시절 권찰은 '섬김'을 배우는 학교와도 같았다. 예배를 준비하고, 성도들을 살피며, 가정을 심방하는 일이 모두 권찰의 몫이었다.

오늘날도 모든 직분은 귀하다.

이름이 다를 뿐, 하나님께서 맡기신 자리는 언제나 소중하다. 하지만 어린 시절의 나는 그 사실을 잘 몰랐다. 그래서 종종 엄마가 빨리 집사가 되었으면 좋겠다고 생각하곤 했다. 친구들의 부모님은 거의 모두 집사님이셨다.

희정이 아빠 송 집사님은 성가대 지휘자셨고, 향진이 아빠 고 집사님은 아동부 교사로 섬기셨다. 집사님이라는 이름은 어린 나에게 '교회에서 인정받은 어른'의 상징처럼 보였다. 권사님들은 말할 것도 없었다. 마치 하늘에 더 가까운 사람들 같았다.

그중에서도 서문자 권사님과 변의정 권사님은 내 동생들이 태어날 때마다 집에 오셔서 산후 돌봄을 해 주시고, 갓난아이의 목욕까지 도와주시던 분들이었다.
어린 내 눈에 그분들은 예배와 사역의 자리를 빛내는 '위대한 사람들'처럼 보였다.

반면 엄마는 늘 교회 주방에 계셨다. 불을 붙이다가 눈썹에 불이 붙을 뻔한 아찔한 일도 여러 번 있었다. 그만큼 주방은 언제나 뜨겁고 분주한 자리였다. 그러나 그곳이 바로 엄마의 자리였다. 언제나 조용히, 묵묵히, 기도의 손으로 교회를 섬기던 엄마.

그래서였을까?
나는 어린 마음에 '아빠가 교회를 다니면 집사님이 될까?' 하는 생각을 자주 했다. 아빠도 예배당 안에 함께 앉아 있었으면, 엄마가 집사님으로 불리는 날이 올 것만 같았다.

용돈이 없던 시절, 문구류도 넉넉하지 못했다. 그래서 주일학교에서 성경시험을 잘 보거나 성경 구절을 또박또박 암송하면, 교회에서 주는 작은 상은 내게 너무나 큰 기쁨이었다. 노트, 비밀 일기장, 메모지, 연필, 작은 거울, 색색의 크레파스, 지우개, 스티커까지…. 그 시절 교회는 어린 나에게 보물창고 같았다.

어린이 성가대원은 그중에서도 가장 큰 특권이었다. 4학년이 되어야 지원할 수 있었고, 실기시험을 통과해야만 합격할 수 있었다. 나는 4학년 때는 떨어지고 5학년이 되어서야 성가대에 들어갈 수 있었는데, 합격의 기쁨은 이루 말할 수 없었다. 성가대원이 되면 방학마다 놀이공원, 여의도 광장 롤러스케이트장, 신림동 순대타운과 즉석 떡볶이집까지 갈 수 있었으니, 드디어 나도 그 부러움의 대열에 합류한 셈이었다.

교회는 그렇게 놀이터였고, 먹을 것과 즐길 거리가 가득한 곳이었다. 그러나 단순히 즐기고 놀러 다니던 그 교회에서, 내 인생의 가장 소중한 순간이 찾아왔다. 바로 하나님을 처음으로 인격적으로 만난 날이었다.

학교를 마치고 집에 돌아오면 늘 엄마가 기다리고 계셨

다. 좁은 골목을 달려 올라가면, 활짝 열려 있는 파란 대문이 나를 반겨 주곤 했다. 그러나 어느 날, 골목길에 들어서자 굳게 닫힌 파란 대문이 눈에 들어왔다.

'무슨 일이 있나? 아니야, 엄마는 집에 계실 거야….'
스스로를 달래며 문 앞에 도착했지만, 잠겨 있는 대문 앞에서 당황한 마음은 점점 두려움으로 바뀌었다. 그때 주일학교에서 배운 기도가 떠올랐다.

"하나님, 우리 집 골목길은 무서워요. 엄마가 어디 가셨는지 알 수 없어 더 무서워요. 하나님, 도와주세요. 엄마가 나를 잊지 않고, 기억해서 집으로 들어갈 수 있도록 도와주세요. 이 모든 말씀 예수님의 이름으로 기도합니다. 아멘."

어린아이의 기도는 단순하고 짧았지만, 분명 진심이었다. 눈을 뜨자 멀리서 엄마가 걸어오고 계셨다. 이어 열쇠가 '딸깍' 하고 대문을 여는 순간, 나는 속으로 외쳤다.

'우와, 하나님께서 내 기도를 들어주셨어!'

그날 나는 알게 되었다. 나의 첫 번째 기도를 들어주신 하나님은, 나의 작은 말 한마디도 잊지 않으시는 분이라는 것을. 그분은 언제나 내 편이 되어 주시는 하나님이셨다.

그로부터 얼마 지나지 않아, 아빠도 교회에 나가셨고, 엄마는 드디어 집사의 직분을 받게 되었다. 그분과의 동행은 그렇게 시작되었다.

### 묵상

어린아이의 짧은 기도에도 응답하신 하나님은, 지금도 내 두려움과 작은 신음까지 귀 기울이신다. 하나님은 언제나 내 편이 되어 주시고, 내가 부를 때 응답하시는 신실한 아버지이시다.

### 말씀

"내가 부르짖을 때에 내 원수들이 물러가리니 하나님이 나를 위하심을 내가 아나이다." (시편 56:9)

### 기도

사랑의 하나님,
어린 시절의 작은 기도에도 응답해 주셨던 주님을 기억합니다.
지금도 제 삶의 모든 순간에 귀 기울여 주시는 줄 믿습니다.

두려울 때 주님을 부르게 하시고,
응답하시는 하나님을 경험하며 살게 하소서.
예수님의 이름으로 기도드립니다. 아멘.

교회에서 나들이로 어린이대공원에서 엄마와 함께

## 2. 눈물 속 기도, 조용해진 밤

부모님께서는 자주 싸우셨다. 그날 저녁도 안방에서는 심한 다툼 소리가 들려왔다. 나는 어린 남동생 둘을 데리고 작은 방에 있었지만, 문을 열고 두 걸음만 가면 닿는 안방에서는 폭력적인 언성과 울음이 가득했다.

잠에서 깬 동생들을 이불 속으로 함께 들어가 토닥토닥 안아 주었다. 그 작은 공간 안에서만큼은 부모님의 다툼이 들리지 않기를 바랐다. 하지만 두려움은 여전히 감출 수 없었고, 눈물이 흘러내렸다. 그 순간 하나님이 떠올랐다. 나는 떨리는 목소리로 동생들에게 말했다.

"울지 말자. 기도하자."

그리고 하나님께 기도드렸다.

"하나님, 엄마 아빠가 오늘도 싸워요. 엄마의 울음소리를 들으니 마음이 너무 아파요. 제발 싸움을 멈춰 주세요. 동생들도 울고 있어요. 하나님, 기도를 들어주세요. 이 모든 말씀 예수님의 이름으로 기도합니다. 아멘."

눈물범벅이 된 채 기도를 마쳤다. 놀랍게도 잠시 후, 아빠의 고함도, 엄마의 울음도 조용해졌다. 그 순간 나는 마음속으로 확신했다.
"오늘도, 하나님이 내 작은 기도를 들어주셨구나."

다음 날 아침, 부엌에서 들려오는 달그락거리는 소리에 눈을 떴다. 술이 깨면 자상한 아빠로 돌아오시는 아버지가 식사를 준비하고 계셨다. 안방 문을 조심스레 열어보니, 엄마는 아직 누워 계셨다. 지난밤의 싸움과 눈물, 그리고 기도가 만들어 낸 작은 평화가 내 눈앞에 펼쳐졌다.

### 묵상

어린 시절, 두려움 속에서 드린 기도가 멈춰진 싸움으로 응답되었던 경험은, 하나님께서 우리의 눈물과 작은 신음에도 귀 기울이신다는 증거였다. 어린아이의 기도조차 하늘을 움직이신 하나님은 지금도 변함없이 우리의 삶 속에서 역사하신다. 눈물의 기도는 믿음의 뿌리가 되어, 현재의 나를 세워 가는 은혜의 토대가 되었다.

### 📖 말씀

"의인이 부르짖으매 여호와께서 들으시고 그들의 모든 환난에서 건지셨도다." (시편 34:17)

###  기도

주님,
어린 시절 눈물로 드린 기도에도 응답해 주신 하나님을 기억합니다.
지금도 제 작은 신음과 아픔 속 기도를 들으시고
평강으로 응답하실 줄 믿습니다.
두려움 대신 주님을 의지하며,
기도로 믿음의 뿌리를 깊이 내리게 하소서.
예수님의 이름으로 기도합니다. 아멘.

사우디에서 일하는 아빠에게 보내 드린 창한이의 백일 사진

## 3. 하나님께서 지켜 주신 첫 유혹의 순간

6학년이 된 나는 친구들과 무리 지어 다니며 노는 것을 좋아했다. 어느 토요일 저녁, 친구가 자기 집에 와서 놀자고 약속을 했다. 늦은 시간까지 밖에 있는 것을 싫어하시던 엄마의 허락도 받지 않은 약속이라 마음이 걸렸지만, 친구와 노는 재미가 더 커서 결국 약속을 지키기로 했다.

약속된 시간이 되어 집을 나서자, 엄마는 화를 내셨다. 그러나 나는 엄마의 손을 뿌리치고 친구 집으로 향했다. 늦은 밤, 교회가 아닌 학교 친구의 집에 처음 가 보니 어색했지만, 이내 친구 방을 구경하며 '나오길 잘했군' 하고 혼잣말을 했다. 엄마의 말씀을 어긴 불편한 마음을 잠시 잊고 있었다.

그러던 중 친구가 말했다.
"오늘 부모님이 친척 집에 가셔서 안 계셔. 잠자고 가도 돼."
그러더니 옷장에서 술을 꺼내왔다. 친구가 태연하게 술과

컵을 들고 있는 모습을 보고 나는 깜짝 놀랐다. 동시에 하나님이 생각났다.

"하나님, 어떻게 해야 하나요? 엄마 말씀을 들었어야 했는데… 안 마실 수도 없잖아요. 친구가 나를 어떻게 생각할까요? 도와주세요."

바로 그 순간, 전화벨이 울렸다. 친구가 수화기를 내밀자, 반가움과 놀람이 동시에 밀려왔다. 전화를 건 사람은 엄마였다. 엄마는 화를 내시며 빨리 집으로 오라고 하셨다. 나는 전화를 끊고 곧장 집으로 돌아올 수 있었다. 하나님께서 유혹의 순간에서 나를 건져 주신 것이다.

나중에 알게 된 사실이지만, 친구 집에 들어가는 내 모습을 한동네에 사시던 이모가 보셨다고 한다. 평소 내가 어울리는 친구들이 걱정스러웠던 이모는 즉시 엄마에게 전화를 하셨고, 덕분에 나는 술자리의 유혹에서 벗어날 수 있었다. 하나님께서는 이렇게 사람들의 손길과 상황까지 사용하시며 나를 지켜 주셨다.

## 묵상

하나님께서는 내가 알지 못하는 순간에도 보호하신다. 옳고 그름을 분별하지 못할 때도 하나님은 길을 열어 주시고 위험에서 건져 주신다. 우리의 잘못된 선택조차도 하나님의 섭리 안에서는 교훈과 은혜가 된다. 그러므로 오늘도 작은 순간마다 하나님을 신뢰하며 의지하는 것이 필요하다.

## 말씀

"사람이 감당할 시험 밖에는 너희가 당한 것이 없나니 오직 하나님은 미쁘사 너희가 감당하지 못할 시험 당함을 허락하지 아니하시고 시험 당할 즈음에 또한 피할 길을 내사 너희로 능히 감당하게 하시느니라." (고린도전서 10:13)

## 기도

주님,
저를 위험한 자리에서 건져 주신 은혜를 기억합니다.
제가 알지 못하는 순간에도 지켜 주시는 주님의 손길을 신뢰합니다.
앞으로의 삶 속에서도 유혹 앞에 설 때마다
피할 길을 열어 주시고, 주님께 순종하는 선택을 하게 하소서.
예수님의 이름으로 기도합니다. 아멘.

내 이름을 정성스레 디자인해 사인으로 만들어 준, 미라의 사랑스러운 작품

## 4. 방안퉁수에서 하나님께 헌신하는 교사로

 나는 어릴 적부터 숫기가 없어 많은 사람 앞에서 말을 잘하지 못했다. 집에서는 큰소리로 떠들곤 했지만, 밖에서는 전혀 다른 모습이었다. 엄마는 그런 나를 보며 늘 "아이고, 방안퉁수야!" 하고 부르셨다. 기대에 미치지 못하는 내 모습에 스스로도 답답함을 느끼며, 그렇게 방안퉁수로 성장했다.

 그러나 아무도 모르게 감추고 있던 비밀이 있었다. 나는 심한 말더듬이었다. 짧은 대화 외에는 말하지 않으면 되니, 친구들조차 알지 못했다. 그저 '착한 아이'로 보이는 것이 전부였다.

 하지만 결국 숨겨 둔 비밀이 드러날 위기가 찾아왔다. 고등학교에 입학한 나는 학급 부회장이 되었고, 교회에서는 회장으로 선출되었다. 당시 초강교회에서는 회장이 되면 성도들 앞에서 헌신예배를 드리며 예배 인도를 해야 했다. 그 날이 다가올수록 불안은 커졌다. 엄마 역시 걱정스러운 눈

길로 나를 바라보셨다.

나는 하나님께 솔직하게 기도했다.

"하나님, 말더듬이인 걸 들키고 싶지 않았어요. 그래서 기도 순서가 있으면 일부러 지각도 했어요. 모두 용서해 주세요. 하지만 하나님, 제발 도와주세요. 제가 말을 잘하게 된다면, 오늘부터 주일학교 선생님이 되겠습니다. 평생 하나님 말씀을 가르치는 교사가 되겠습니다."

간절히 드린 기도는 서원으로까지 이어졌다. 한나가 아들을 얻기 위해 통곡하며 기도했던 것처럼, 나도 매일같이 눈물로 간구했다.

드디어 헌신예배 날이 되었다. 종일 아무것도 먹지 못한 채 오후 예배 시간이 다가왔다. 교인들의 얼굴은 흐릿하게만 보였지만, 단 한 사람의 모습만은 또렷했다. 죄인처럼 고개 숙여 기도하던 엄마였다. 떨리는 심장 소리가 온몸을 울렸지만, 예배가 시작되면서 이상하게 마음에 평안이 밀려왔다.

그리고 놀라운 일이 일어났다. 나는 말을 더듬지 않고, 차

분히 예배를 인도할 수 있었다. 그 순간, 하나님께서 내 연약함 속에서 나를 붙들고 계심을 깊이 깨달았다. 헌신예배는 말더듬이에서 벗어나는 전환점이 되었고, 하나님께서 나를 사용하시기 시작한 첫 사건이 되었다.

그날의 서원은 지금까지 이어졌다. 고등학교 1학년 때부터 모교에서 주일학교 교사로 섬겼고, 지금은 아동부 교육전도사로 아이들을 가르치고 있다. 연약했던 방안퉁수였던 내가, 하나님의 은혜로 말씀을 전하는 교사가 된 것이다. 나의 이야기는 하나님의 블랙박스에 기록되었고, 지금도 하나님의 영광을 위해 사용되고 있다.

### 묵상

하나님은 우리의 연약함까지도 사용하신다. 부족함과 두려움은 하나님을 더욱 의지하게 만드는 통로가 된다. 간절히 드린 기도와 서원은 결코 헛되지 않고, 하나님의 놀라운 방법으로 응답된다. 오늘도 나의 약함을 솔직히 하나님께 맡기며, 주님의 계획에 순종하는 삶을 살아야 한다.

### 말씀

"나에게 이르시기를 내 은혜가 네게 족하도다 이는 내 능력이 약한 데서 온전하여짐이라 하진지라 그러므로 도리어 크게 기뻐함으로 나의 여러 약한 것들에 대하여 자랑하리니 이는 그리스도의 능력이 내게 머물게 하려 함이라." (고린도후서 12:9)

 기도

주님,
저의 연약함까지도 사용하시는 하나님을 찬양합니다.
방안퉁수 같고 말더듬이 같던 저를 붙드셔서
하나님의 말씀을 전하는 교사로 세워 주심에 감사합니다.
오늘도 제 부족함을 주님께 맡기며,
주님의 계획 속에 순종하는 삶을 살게 하소서.
예수님의 이름으로 기도합니다. 아멘.

초강교회 예배당 전면에서 찍은 사진
신앙의 시작점이었던 그곳, 추억이 머무는 자리.

## 5. 세례와 하나님의 훈련

　기독교인에게 세례는 평생 단 한 번 허용되는 거룩한 의식이다. 요즘 목회 현장에서 아동 세례를 받는 아이들의 영상을 보면, 평소 장난기 많던 어린이들이 씩씩하게 믿음을 고백하며 세례를 받는 모습을 보게 된다. 그 장면을 볼 때마다, 나는 중학교 시절의 부끄러운 기억을 떠올린다.

　중학교 3학년이었던 나는 세례를 어려운 시험처럼 오해했다. 말을 더듬는 내가 사람들 앞에서 말로 믿음을 고백해야 한다는 생각에 두려움이 앞섰고, 결국 세례를 피하고 싶었다. 그러다 결국 故 이봉환 담임목사님께 이미 세례를 받았다고 두려움을 감추기 위해 큰 거짓말을 하고 말았다. 서울에서 태어나 어린 시절을 보내다, 중학교 2학년 때 전라북도 정읍으로 전학을 왔던 나는 아무도 모른다는 사실을 이용했다. 그 말 한마디면 아무 일 없이 넘어갈 수 있을 거라 믿었다. 그렇게 나는 태연한 얼굴로, 내 마음 깊은 곳의 떨림과 수치를 숨겼다.

그러나 후폭풍은 예상보다 컸다. 초강교회는 해마다 네 번 성찬식을 거행했고, 세례교인만 성찬에 참여할 수 있었다. 나는 거짓된 자리에 서서 떨며 성찬식을 맞이했다. 빵과 포도주를 받아야 할 때마다, 포도주는 그냥 앞에 두었고, 빵은 성경책 속에 숨겼다. 고개를 들지 못한 채 눈물을 흘리며 죄인의 마음으로 3년간 성찬식 자리에 앉아 있었다.

그러다 세례식을 직접 보게 되었을 때, 나는 충격과 후회를 느꼈다. 목사님의 질문에 오른손을 들고 단순히 "네"라고 대답하며 세례를 받는, 단순하면서도 거룩한 의식이었다. 그토록 어렵게 생각했던 나의 어리석음을 뼈저리게 깨달았다.

밤마다 잠자리에 누우면, 마음이 무겁게 내려앉았다. 그날의 거짓말이 자꾸만 떠올랐다. 입술은 닫혀 있었지만, 마음은 조용히 울고 있었다. 그리고 처음으로, 나의 진심을 하나님께 쏟아 놓았다.

"하나님... 잘못했어요. 나도 세례를 받고 싶어요. 말 더듬는 것이 드러날까 봐 두려워 거짓말을 했습니다. 이제는 너무 힘듭니다. 하나님, 용서해 주세요. 세례를 받으려면 다시 이사를 가거나 교회를 옮겨야 하는데, 그럴 수 없다는 걸 하나님도 아시잖아요. 하나님... 용서해 주세요. 하나님, 제발 도와주세요."

그 기도는 길지 않았지만, 내 마음의 가장 깊은 곳에서 흘러나온 울음이었다. 누구에게도 털어놓을 수 없었던 부끄러움과 두려움을 오직 하나님 앞에서만 솔직히 고백할 수 있었다.

하나님께서는 내가 지은 거짓 증언의 죄(출애굽기 20:16)를 그냥 넘어가지 않으셨다. 3년간 죄인의 마음으로 성찬에 참여하게 하시며 나를 훈련하셨다. 몇 년이 흘러, 전혀 예상치 못한 곳에서 하나님은 그 기도를 풀어 주셨다. 바로 '여군학교'라는 뜻밖의 장소에서였다.

나중에 알게 된 사실은, 목사님께서는 이미 내가 세례를 받지 않았다는 것을 알고 계셨다는 것이다. 여러 번 조심스럽게 물으셨던 것도 기회를 주시기 위함이었다. 그러나 나는 끝내 말하지 못했다.

내가 군대에 있을 때, 목사님은 위독하셔서 병원에 입원 중이셨다. 부모님께서 병문안을 갔을 때, 목사님께서는 아버지께 이렇게 말씀하셨다고 한다.

"선애, 세례 안 받았으니, 꼭 세례받게 하세요…."

목사님은 알고 계셨음에도 나를 위해 기도하시며 끝까지 기다려 주셨다. 나는 군대에서 드디어 세례를 받았지만, 이미 목사님은 소천하신 뒤였다. 직접 용서를 구하지 못한 아쉬움이 남았지만, 목사님을 통해 하나님의 기다리심과 사랑의 훈련을 깊이 경험할 수 있었다.

### 묵상

세례는 단순한 의식이 아니라, 하나님과의 관계를 바로 세우는 은혜의 순간이다. 거짓과 두려움 속에 숨어 있었지만, 하나님은 훈련과 기다림을 통해 나를 이끌어 주셨다. 목사님의 기다림은 곧 하나님의 기다리심의 거울이었다. 이 사건은 하나님의 블랙박스에 분명히 기록된 은혜의 장면이며, 지금도 나의 믿음을 새롭게 하는 증거이다.

### 말씀

"예수께서 대답하시되 진실로 진실로 네게 이르노니 사람이 물과 성령으로 나지 아니하면 하나님 나라에 들어갈 수 없느니라." (요한복음 3:5)

기도

주님,

저의 거짓과 두려움까지도 훈련으로 사용하신 하나님을 찬양합니다.

세례의 은혜를 통해 새롭게 하시고,

정직한 마음으로 하나님 앞에 서게 하심을 감사합니다.

오늘도 저의 신앙이 의식이 아니라

삶으로 드러나는 고백이 되게 하소서.

예수님의 이름으로 기도합니다. 아멘.

날마다 내 우체통에 남겨진 마음. 이제야 그 마음의 온기를 느낀다.

# 6. 예수님의 얼굴을 본 날, 성령의 선물을 받은 날

지금은 스터디카페에서 공부하는 분위기이지만, 90년대에는 공부 좀 한다는 학생들이라면 독서실에서 공부하는 것이 일반적이었다. 나도 친구들을 따라 독서실에 가곤 했다.

중간고사를 하루 앞둔 어느 날 오후였다. 다른 시험은 망쳤어도, 다음 날 있을 암기 과목에서 만회해 보려고 국사책을 붙잡고 열심히 공부하고 있었다. 그런데 친구가 갑자기 저녁 7시에 열리는 부흥집회에 같이 가자고 권했다. 마지막 시험이 남았는데 무슨 교회냐며 웃어넘겼지만, 공부가 지루해지던 터라 마음이 흔들렸다.

그때 친구가 벽에 걸린 액자를 가리키며 말했다.
"예수님이 교회에 오라고 하시는 거야."

나는 고개를 돌려 액자를 보았다. 흰 도화지에 검은 점만

찍혀 있는 그림이었다. '이게 예수님이라고?' 의아했지만, 호기심에 이리저리 각도를 바꿔 가며 들여다봤다. 그러나 아무리 봐도 그저 검은 점일 뿐이었다.

잠시 자리를 비운 친구가 돌아와 내 행동을 보더니 웃으며 놀렸다. "예수님 얼굴이 안 보여?" 그러면서 그림을 보는 요령을 알려 줬지만, 나에겐 여전히 의미 없는 점으로만 보였다. 그 순간, 나는 짓궂게 하나님께 기도했다.

"하나님, 친구가 말하는 액자가 정말 예수님의 얼굴 맞나요? 그렇다면 저도 보고 싶어요. 보여 주시면 오늘 저녁 부흥집회에 갈게요. 공부를 포기하고라도 가겠습니다. 지금 눈을 뜨면, 액자에 걸린 그림이 예수님의 얼굴로 보이게 해 주세요."

그리고 다시 액자를 바라본 순간, 깜짝 놀랐다. 검은 점이었던 그림에서 예수님의 얼굴이 뚜렷하게 보였던 것이다.

나중에 알게 된 사실은, 그 그림은 제2차 세계대전 당시 한 사진작가가 눈이 녹는 들판에서 "하나님, 당신의 아들 예수 그리스도를 한번 보게 해 주세요."라고 기도한 후 찍은 사진이라는 것이었다.

나는 그날 저녁 부흥집회에 참석했고, 그곳에서 잊을 수 없는 은혜를 체험했다. 머리부터 발끝까지 뜨거워지는 성령의 임재를 경험했고, 방언이라는 성령의 선물을 받았다. 무아지경으로 흘러나오는 말은 멈출 수 없었다. 마치 사도행전 2장에서 제자들이 성령 충만하여 하나님의 큰일을 말했던 것처럼(사도행전 2:11), 나 역시 하나님께서 하시는 일을 증거하는 첫걸음을 내딛게 되었다.

이 사건은 지금도 하나님의 블랙박스에 분명히 기록된 사건이다. 내 신앙의 방향을 바꿔 놓은, 결코 잊을 수 없는 성령의 체험이었다.

**묵상**

하나님은 작은 기도에도 응답하신다. 단순히 시험을 피하려는 마음이었을지라도, 하나님은 그 기도를 사용하셔서 나를 성령의 체험 자리로 이끄셨다. 신앙은 '보아야 믿는 것'이 아니라, 믿음으로 '보게 되는 것'임을 깨닫게 하신 사건이었다.

말씀

"그들이 다 성령의 충만함을 받고 성령이 말하게 하심을 따라 다른 언어들로 말하기를 시작하니라." (사도행전 2:4)

🖐 기도

주님,
제 작은 기도에도 응답하시고, 성령의 은혜 자리로 이끄신 하나님을 찬양합니다.
믿음의 눈을 열어 주셔서,
보이지 않는 중에도 주님을 바라보게 하소서.
오늘도 성령의 충만함으로 살며,
하나님의 큰일을 증거하는 삶이 되게 하소서.
예수님의 이름으로 기도합니다. 아멘.

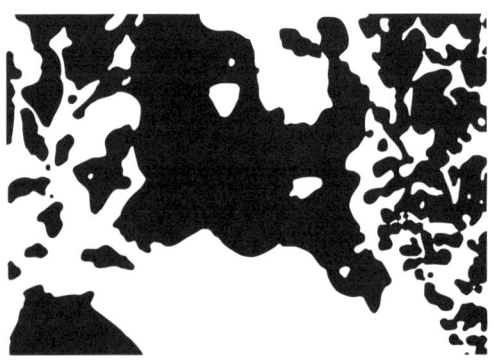

눈 위에 예수님 형상 사진

## 7. 길 잃은 순례자, 하나님께서 인도하신 밤

1992년 고등학교 시절, 마지막 여름 수련회가 열리던 해였다. 전라남도 장성에 위치한 남경성기도원에서 2박 3일간 학생회(중고등부) 수련회가 진행되었다.

마지막 밤의 프로그램은 '천로역정'. 성경 속 순례자의 여정을 직접 체험하는 시간이었다. 나는 조장이 되어 6~8명의 조원을 이끌고 출발선에 섰다. 선생님은 코스에 대해 간단히 설명했지만, 피곤했던 나는 제대로 듣지 않았다.

'대충하면 되겠지… 빨리 끝내고 쉬어야지.' 그때는 그저 그렇게 생각했다. 하지만 지금 돌이켜보면, 그 마음이 바로 하나님이 준비하신 위기의 시작, 그리고 은혜의 여정의 출발점이었다.

해가 저물고 어둠이 깔리자 우리는 순례자가 되어 산길을 걸어갔다. 처음엔 100~150m 구간마다 선생님들을 만나지령을 풀며 전진했지만, 어느 순간부터 아무도 보이지 않았다. 웃고 떠들던 조원들도 점점 불안해했다. 처음엔 "우리 조가 제일 잘한다"고 자랑하던 후배들이, 시간이 지날수록 불평을 쏟아냈다. 막 중학교에 올라온 아이들은 무섭다며 울음을 터뜨렸다.

깜깜한 산속, 조원들의 얼굴조차 보이지 않았다. 자칫 위험한 사고로 이어질 수 있음을 직감한 나는 발걸음을 멈추었다. 그때 한 후배가 소리쳤다.
"누나! 가만히 있지 말고, 이럴 때 기도해야지!"

그 외침은 하나님께서 직접 내게 하시는 말씀 같았다. 나는 떨리는 목소리로 조원들에게 말했다.
"우리, 손잡고 같이 기도하자."

그리고 간절히 부르짖었다.
"하나님, 길을 잃었습니다. 저만 믿고 따라온 동생들인데, 저조차 길을 찾지 못해 두렵습니다. 선생님들도 보이지 않고, 어디로 가야 할지 알 수 없습니다. 불안해 우는 동생들을 지켜 주세요. 우리를 안전하게 교회로 돌아가게 해 주세요. 하나님만 믿고 의지하겠습니다."

눈물과 두려움 속에 기도가 끝나자, 기도 전에는 들리지 않던 소리가 들려왔다. 바로 산속의 물 흐르는 소리였다. 나는 조원들에게 말했다.

"물소리를 따라가 보자."

우리는 조심스레 물소리를 좇았다. 깊은 산속이라 어디가 길인지 알 수 없었지만, 흐르는 물소리만이 유일한 길잡이처럼 느껴졌다.

한참을 걷다 보니 희미한 불빛이 보였다. 가로등 불빛이었다. 그리고 곧 마을이 나타났다. 숨이 차도록 달려가니 '파출소'라는 글자가 눈에 들어왔다. 문을 열자 경찰관들이 놀란 표정으로 우리를 맞이했다. 그곳은 전남 장성이 아니라, 산을 넘어 전북 정읍 입암 갓바위 방향이라고 하셨다. 우리가 완전히 길을 잃은 것이었다.

경찰관분들이 걱정하고 있을 초강교회에 연락해 주셨다. 자정이 훌쩍 넘은 시간, 우리는 초강교회로 갈 수 없어 파출소에서 하룻밤을 보내게 되었다. 낯선 이불 위에 누워 천장을 바라보며, 나는 조용히 중얼거렸다.

"하나님, 정말 무섭고 두려웠지만… 그래도 무사히 오게

해 주셔서 감사합니다."

다음 날 아침, 경찰관분들이 우리를 첫 버스에 태워 보내 주셨다. 버스 안에는 여름방학 보충수업을 가는 학생들로 가득했다. 교복 사이에 뒤섞인 우리 조원들의 옷에서 땀 냄새가 풀풀 났고, 얼굴에는 흙과 먼지가 잔뜩 묻어 있었다. 그런데도 아무도 부끄러워하지 않았다. 서로를 보며, 안도하며, 그냥 웃었다.

정읍역에 도착해 완행열차(비둘기호)로 갈아타고 백양사역으로 향했다. 기차가 서서히 멈춰 설 때, 역 앞에서 교회 선생님들이 달려 나와 우리를 껴안았다. 그 순간의 기쁨과 안도감은 지금도 잊을 수 없다.

길을 잃었다고 생각했던 그 밤, 하나님은 오히려 나를 잃었던 길 위에서 부르셨다. 그분은 나의 걸음을 멈추게 하시고, 잊고 있던 첫 신앙의 자리를 다시 열어 주셨다.

깜깜한 산속에서 길을 잃고 두려움에 휩싸였을 때 들려온 물소리는

하나님의 임재의 신호였다. 어려움 속에서 가장 중요한 것은 환경이 아니라, 내가 하나님을 진심으로 믿고 기도하는가 하는 것이다. 지금도 삶의 갈림길에서 방향을 잃을 때마다, 1992년 8월 그 산속에서 들었던 물소리가 다시금 마음에 울린다.

 말씀

"내가 네 갈 길을 가르쳐 보이고 너를 주목하여 훈계하리로다." (시편 32:8)

 기도

주님,
제가 길을 잃었을 때 물소리로 인도하신 하나님을 기억합니다.
삶의 갈림길마다 저를 붙드시고,
두려움 속에서도 주님의 임재를 느끼게 하소서.
늘 주님의 길을 따르며,
순례자의 삶을 끝까지 걸어가게 하소서.
예수님의 이름으로 기도합니다. 아멘.

백양사 기도원 여름 수련회 중 잠깐 휴식시간

# 8. 죽음에서 건지신 하나님의 손

> **독자 안내**
>
> 이 장은 죽음과 자살 시도에 관한 민감한 경험을 다루고 있습니다.
> 읽으시는 분들 가운데 비슷한 아픔을 겪으신 분이 있다면, 이 이야기가 절망의 기록이 아니라 하나님의 구원과 회복의 간증임을 기억해 주시길 바랍니다. 혹시 지금도 극심한 절망과 생명의 위기 가운데 있다면, 혼자 감당하지 마시고 가까운 가족, 교회 공동체, 그리고 전문적인 도움을 꼭 요청하시길 권합니다.
> 하나님은 언제나 우리의 생명을 귀히 여기시며, 끝까지 포기하지 않으시는 사랑의 아버지이십니다.

어릴 적 내게 가장 크게 다가온 문제는 늘 '돈'이었다.

부모님께서 돈 문제로 자주 다투시던 집안에서 자라다 보니, 나는 어린 마음에 '돈만 있으면 모든 게 해결될 거야'라고 믿었다. 그래서 망설임 없이 상과(商科)를 선택했다. 그저 '돈을 많이 벌 수 있는 길'이면 된다고 생각했다.

그런 내 마음을 아셨던 걸까? 하나님께서는 그 길조차 은혜로 열어 주셨다. 고등학교 2학년 때 이미 필요한 자격증을 모두 취득하게 하셨고, 그것이 밑거름이 되어 졸업 전에 정읍시의 한 금융기관에 취직할 수 있는 기회를 얻게 되었다.

그때는 그저 내 노력의 결과라 여겼다. 하지만 지금 돌아보면, 그 모든 과정의 길목마다 하나님의 손길이 닿아 있었다.

취직 소식을 들은 친할머니께서 서울에서 기차를 타고 내려오셨다. 할머니는 시장에서 직접 고른 새 이불을 안겨 주시며 "이제 너도 다 컸구나!" 하시며 눈시울을 붉히셨다.

첫 출근 일주일 동안 나는 만 원권 100장을 들고 돈 세는 연습만 했다. 비록 내 돈은 아니었지만, 한 손에 다 쥐어지지 않는 돈다발을 세는 일이 그렇게 설렐 수가 없었다.

그리고, 첫 월급을 받던 날, 나는 그 돈으로 부모님이 농협에서 대출받으셨던 이자를 대신 납부했다. '앞으로 10년만 모으면 1억을 모을 수 있겠지?' 그 허황된 계산이 그때는 너무나 행복했다. 그렇게 나는 '돈이 내 인생의 답'이라고 믿으며 세상의 계산법 속에서 성실히, 살아가고 있었다.

그러나 그 기쁨은 오래가지 않았다. 어느 날, 내가 마감 처리한 거래에서 백만 원권 수표 한 장이 사라진 사건이 발생했다. 분명 내가 처리한 내역이었지만 수표가 보이지 않는다는 이유로, 점장님은 사유서를 쓰고 직접 메꿔야 한다고 말씀하셨다. 사회 초년생이었던 나는 감당할 수 없는 두려움에 사로잡혔다. "집에 돈도 없는데, 어떻게 부모님께 말하지? 엄마는 나 때문에 더 힘들어하실 텐데…." 죄송함과 절망감이 가슴을 짓눌렀다.

 며칠을 집과 직장 사이에서 방황하다가 결국 약국에서 수면제를 몰래 조금씩 모아 두었다. 그날 아침도 평소처럼 출근한다고 집을 나섰지만, 발걸음은 정읍 천변으로 향했다. 사람들은 분주히 오가는 하루를 살아가고 있었지만, 내 마음은 깊은 웅덩이에 빠져 허우적거리고 있었다. 하루 종일 천변을 떠돌며 무너져 가는 마음을 붙들지 못했고, 걷는 동안 바람은 불어왔지만, 내 안의 무거운 숨은 조금도 가벼워지지 않았다.

 해가 기울고, 퇴근 시간이 가까워지자 나는 집으로 돌아왔다. 몰래 모아 두었던 수면제를 손에 쥐었을 때, 두려움보다 '이제 끝낼 수 있다'는 해방감 같은 것이 더 크게 다가왔다. 그렇게 모든 약을 한꺼번에 삼키며 속으로 마지막 기도를 흘렸다.

"하나님, 엄마를 불쌍히 여겨 주세요. 엄마는 나 때문에 사신다는데… 죄송합니다…."

그것이 내가 기억하는 마지막 말이었다.

다음 기억은 아침의 소리였다. 엄마의 떨리는 목소리, 과장님의 다급한 목소리, 그리고 수표 분실 건에 대해 "이미 전북일보신문에 신고해 두었으니 걱정 말라"는 설명이었다. 과장님께서 내 무단결근을 걱정하며 집에까지 찾아오셨고, 필요한 신고 절차도 이미 마쳐 두었다는 이야기를 들었을 때 나는 살아 있다는 사실에 크게 놀랐다.

"꿈이 아니었구나… 그런데 어떻게 살아난 걸까?" 하는 생각이 머릿속을 채웠다.

그해 여름 나는 회사를 그만두었고, 10월 마지막 날 뜻밖에도 용산 여군학교에 입대하게 되었다. 수면제를 삼켰음에도 하나님께서 내 생명을 붙들어 주신 것은 분명한 은혜였다. 시간이 흐르며 그 사건은 내 인생의 블랙박스 속 한 장면임을 알게 되었다―하나님이 나를 위해 남겨 두신 계획의 한 조각이었다.

생명은 하나님의 거룩한 선물이다. "나의 앞날이 주의 손에 있사오니"(시편 31:15). 절망의 한복판에서도 하나님은 나를 붙드시고, 다시 걸어가게 하셨다. 내가 살아 있음 자체가 은혜이며, 앞으로의 하루하루는 그 은혜의 연속임을 고백한다.

### 묵상

내 생명은 내 것이 아니라 하나님의 것이다. 절망의 끝에서 돌아온 삶은, 하나님께서 나를 아직 쓰시려는 계획의 일부임을 보여 준다. 오늘의 삶을 감사로 채우고, 주님의 손안에서 하루를 걷는 것이 신앙의 고백이다.

### 말씀

"주께서 내 내장을 지으시며 나를 모태에서 만드셨나이다. 내가 주께 감사하옴은 나를 지으심이 심히 기묘하심이라 주께서 하시는 일이 기이함을 내 영혼이 잘 아나이다." (시편 139:13-14)

기도

하나님 아버지,

절망의 어둠 속에서도 저를 붙들어 주심에 감사합니다.

제 생명을 귀히 여기시고 다시금 일으켜 세우신 은혜를 찬양합니다.

앞으로의 날들을 주님의 손에 온전히 맡기오니,

하루하루를 감사와 소망으로 살게 하시고,

내가 만나는 이들에게도 주의 사랑을 나누는 통로가 되게 하소서.

예수님의 이름으로 기도합니다. 아멘.

여고 시절

**PART 2**

# 문제를 통해
# 하나님의 사랑을 가르치시다

광야는 끝이 아니었다.

끝내 막힌 길처럼 보였지만,

그곳은 하나님을 만나는 자리였다.

눈물은 훈련이 되었고,

버티는 믿음은 동행의 힘이 되었다.

시련 속에서, 하나님의 사랑은 더욱 깊어졌다.

> "네 하나님 여호와께서 이 사십 년 동안에 너로 광야의 길을 걷게 하신 것을 기억하라. 이는 너를 낮추시며 너를 시험하사 네 마음이 어떠한지 그 명령을 지키는지 지키지 않는지 알려 하심이라….마침내 네게 복을 주려 하심이라." (신명기 8:2, 16)

## 9. 잊지 않으신 하나님

문제는 고통이 아니라, 하나님을 경험하는 통로였다. 막막함 가운데 하나님을 붙들 때, 오히려 그분의 임재가 가까이 다가왔다.

## 10. 본부교회 – 거룩한 백성으로 부르신 하나님

신앙의 공동체 속에서, 하나님은 나를 단련하시고 거룩한 백성으로 세워 가셨다. 교회는 또 다른 훈련의 광야이자 은혜의 집이었다.

## 11. 믿음으로 버티는 힘

무너질 수밖에 없는 현실 속에서 끝내 버티게 한 힘은 믿음이었다. 눈물의 자리에 무릎 꿇을 때, 하나님은 새 힘을 주셨다.

## 12. 둘이 함께 걷는 길

혼자가 아니었다. 믿음의 길을 남편과 함께 걸으며, 동행의 의미를 배웠다. 연약함 속에서도 서로를 붙들게 하신 하나님의 사랑이 있었다.

## 9. 잊지 않으신 하나님

 광주병무청에서 1:100의 경쟁을 뚫고 유일하게 전북 대표로 선발되어 용산여군학교에 입교하게 되었다. 전국 각지에서 모인 30명의 하사관 후보생들의 눈빛은 결연했고, 그 눈빛 하나하나에는 오랜 기다림과 간절함이 담겨 있었다. 누구는 삼수, 사수, 오수 끝에 꿈을 이루었다며 환하게 웃었지만, 나는 고개를 들 수가 없었다.

 사실 나는 여군이라는 직업이 있다는 것조차 잘 알지 못했다. 본래는 한전공사 시험을 준비하고 있었으나, 채용 인원이 없어 시험 일정이 계속 미뤄지고 있었다. 그때 나를 지켜보던 서점 사장님이 물으셨다.
 "도대체 무슨 시험을 준비하니? 올해는 한전 시험이 없을 것 같아. 대신 과목이 같은 여군 시험에 한번 지원해 보렴."

 나는 당황해서 되물었다.
 "여군이 뭐예요?"

관심조차 없던 길이었는데, 가볍게 응시한 시험에서 덜컥 합격해 버렸다. 그렇게 발걸음을 옮긴 여군학교는 내게 낯설고 두려운 세계였다. 모두가 오랜 기다림 끝에 얻은 기쁨으로 웃고 있었지만, 나만은 적응하지 못한 채 낯섦 속에 갇혀 있었다. 부끄러움에 고개를 숙이고 있던 나에게 따라붙은 이름은 '관심하사', 늘 부족하고 모자란 훈련생이었다.

매일 저녁 일과가 끝나면 반드시 수양록을 작성해야 했다. 그러나 내 수양록에는 언제나 똑같은 한 줄만 남았다.
"퇴교하고 싶습니다."

그 문장은 내 심정 그대로였다. 낯선 환경 속에서 하루하루를 버텨내는 것이 전쟁 같았고, 나 자신이 이곳에 어울리지 않는 사람이라는 생각이 날마다 더 짙어져 갔다.

그러던 어느 날, 첫 유격훈련에서 나는 완전히 지쳐 버렸다. 진눈깨비가 흩날리는 차가운 바람 속에서 사격 훈련이 시작되었다. 개머리판을 어깨에 단단히 밀착시키지 못한 탓에 방아쇠를 당길 때마다 얼굴로 반동을 고스란히 받아내야 했다. 불과 열 발을 쏘는 동안 왼쪽 눈가에는 금세 커다란 혹이 올라왔고, 시퍼런 멍이 퍼져 갔다.

눈물이 흘러내렸지만, 그것이 차가운 빗물 때문인지, 참을 수 없는 고통 때문인지조차 알 수 없었다. 차디찬 바람과 고통, 외로움이 한꺼번에 몰려오며 마음 깊은 곳까지 얼어붙는 듯했다. 그 순간, 그곳은 더없이 황량한 광야였다.

훈련을 마치고 여군학교에 복귀한 뒤, 누군가가 종교집회에 참석해 보라고 권면했다. 수양록에는 매일같이 '퇴교하고 싶습니다.'라는 말만 적어 내려가던 때였다. 사실 나는 너무 힘들어서 하나님조차 찾지 않았고, 가끔 찾았을 때조차도 "왜 나를 이곳에 보내셨습니까?"라며 원망하곤 했다. 그저 답답한 마음을 쏟아낼 길이 없었던 나에게, 종교집회라는 말은 이상하게도 마음을 흔들어 놓았다. 이유는 알 수 없었지만, 나는 그 권유에 이끌려 발걸음을 옮겼다.

교회로 들어서는 순간, 참아 왔던 눈물이 터져 나왔다. 이유를 설명할 수도 없었지만, 그동안 눌러 두었던 고통과 외로움이 한꺼번에 쏟아져 내렸다. 눈물이 빗물처럼 흘러내리며 멈출 줄을 몰랐다.

그때 목사님의 첫 마디가 내 마음 깊은 곳을 찔렀다.

"여러분, 많이 힘드시죠? 그러나 어디에 있든, 어떤 상황이든 하나님은 여러분과 함께하십니다."

그 말씀은 내 심장을 세차게 두드렸다. '지금 이 순간에도 하나님이 나와 함께하신다고?' 믿기 어려웠지만, 분명한 위로와 확신이 마음속에 스며들었다. 예배를 마치고 돌아가는 길은 이상할 만큼 가벼웠고, 그날은 내 인생을 바꾸어 놓은 날이 되었다.

여군학교에서의 시간은 나를 한계로 몰아붙이는 광야였다. '관심하사'라는 꼬리표가 늘 따라붙었고, 훈련의 부족함은 매 순간 나를 시험했다. 그러나 하나님은 나를 홀로 두지 않으셨다.

바로 군 생활의 한복판에서 하나님은 나로 하여금 세례를 받게 하셨다. 청소년 시절, 나는 세례를 받고 싶다는 간절한 기도를 오랫동안 드려 왔다. 그 시절 말을 더듬는다는 사실이 드러날까 두려워, 사람들 앞에서 고백하는 것이 부끄러웠다. 그 두려움 때문에 나는 무심코 "이미 세례를 받았다"는 거짓 고백을 내뱉고 말았다. 단 한순간의 말이었지만, 그 거짓은 마음속 깊은 상처가 되어 오랫동안 나를 무겁게 짓눌렀다.

하지만 하나님은 그런 나를 버리지 않으셨다. 응답 없는 것만 같았던 그 기도는 사실 하나님의 블랙박스 속에 고스란히 저장되어 있었고, 때가 되자 하나님은 놀라운 방법으로 그 기도를 풀어 주셨다. 여군학교라는 전혀 예상치 못한 길로 나를 이끄시고, 마침내 그토록 사모하던 세례의 은혜를 허락해 주신 것이다.

  세례를 받던 그날, 차가운 물이 이마를 적시는 순간 온몸에 말로 형용할 수 없는 벅찬 전율이 일었다. 마치 하나님께서 "나는 너를 잊지 않았다." 말씀하시는 듯했고, 그 음성이 내 전 존재를 흔들며 눈물을 쏟아내게 했다. 그 눈물은 단순한 감정의 분출이 아니라, 하나님의 기억과 응답을 확인하는 눈물, 은혜의 눈물이었기에 더욱 뜨거웠다.

  뿐만 아니라, 하나님은 한 선임하사를 곁에 두셨다. 엄격하고 냉정해 보였던 그분은 나의 부족함을 꾸짖으면서도 끝내 포기하지 않았다. 작은 배려와 따뜻한 한마디는 하나님의 손길처럼 다가왔고, 나는 그 격려로 다시 훈련을 견디며 과정을 끝까지 마칠 수 있었다.

  결국 나는 퇴교하지 않고 수료의 자리에 설 수 있었다. 그리고 이어진 계룡대 육군본부 전출 명령은, 나의 힘과 자격으로는 설명할 수 없는 하나님의 인도하심의 증거였다. 거짓으로 얼룩졌던 나의 과거, 연약함과 두려움으로 흔들리던 나의 현재조차도 하나님은 사용하셨고, 은혜의 길로 이끄셨다.

나의 작은 기도는 하나님의 블랙박스 속에 기록되어 있었고, 하나님의 섭리 안에서 놀랍게 펼쳐졌다. 연약함을 은혜로, 실패를 인도로 바꾸신 하나님께서 내 삶을 친히 인도해 주셨다.

### 묵상

광야와 같았던 여군학교 한복판에서, 하나님은 나를 잊지 않으셨음을 보여 주셨다. 청소년 시절의 간절한 기도는 하나님의 블랙박스 속에 고스란히 기록되어 있었고, 세례라는 은혜로 응답되었다. 나의 연약함조차도 은혜로 바꾸시는 하나님은 오늘도 나와 함께하신다.

### 말씀

"여인이 어찌 그 젖 먹는 자식을 잊겠으며 자기 태에서 난 아들을 긍휼히 여기지 않겠느냐 그들은 혹시 잊을지라도 나는 너를 잊지 아니할 것이라" (이사야 49:15)

기도

잊지 않으시는 하나님 아버지,

제 연약함과 거짓, 두려움까지도 아시면서 끝내 포기하지 않으시고 붙드심을 감사합니다. 청소년 시절의 기도를 잊지 않으시고, 세례라는 은혜로 응답해 주신 주님의 사랑에 감격합니다. 앞으로도 제가 어떤 광야를 지나더라도, 하나님께서 저를 잊지 않으시고 함께하실 줄 믿습니다. 오늘도 그 은혜를 의지하며 주님의 길을 걸어가게 하옵소서. 예수님의 이름으로 기도드립니다. 아멘.

군대에서 받은 세례 증서

## 10. **본부교회** - 거룩한 백성으로 부르신 하나님

모세와 함께 애굽을 탈출한 이스라엘 백성. 하나님께서는 낮에는 구름기둥으로, 밤에는 불기둥으로 그들을 인도하시며 시내산에 이르게 하셨다. 그리고 그곳에서 하나님의 백성으로 살아가는 길을 하나하나 가르치셨다.

여군학교를 수료하고 계룡대에서 보낸 3년의 군 생활은 나에게 그 시내산 같은 시간이 되었다. 새로운 환경, 새로운 질서 속에서 군복을 입은 나 자신은 겉으로 보기엔 단정하고 자랑스러워 보였지만, 내면은 여전히 흔들리고 방황하고 있었다. 돌아보면 그 시절의 나는 사사기 속 이스라엘 백성과 닮아 있었다. 은혜를 잊고 자기 소견에 옳은 대로 행하다가, 결국 죄의 자리에서 넘어지던 내 모습이 바로 그들이었다.

외박을 나가면 동기들과 함께 나이트클럽을 전전했고, 그곳에서 허망한 사랑을 찾으려 방황했다. 술 냄새를 풍기며 복귀하는 기차 안에서 하나님의 이름을 떠올리는 것조차 부끄러웠다. 그러나 놀랍게도, 하나님은 나를 포기하지 않으셨다. 나의 어리석음과 불순종 속에서도 오래 참으시며, 언젠가 나를 사용하시기 위해 준비하고 계셨다.

그 은혜의 부르심은 뜻밖의 자리에서 시작되었다. 매월 논산훈련소 세례식에서 하나님은 나를 찬양 인도자로 세우셨다. 수백 명의 훈련병이 눈물로 찬양하는 모습을 보며, 나는 오랫동안 외면해 왔던 내 죄를 정직하게 마주했다. 그 순간 하나님은 나의 수치를 은혜로 덮으시고, 방황하던 자리에 사명을 심어 주셨다.

하나님은 나를 훈련시키시는 방식도 특별했다. 화려하지도, 눈에 띄지도 않았다. 단지 한 구절 말씀, 잠언 15장을 외우게 하시며 겸손을 가르치셨다. 그 말씀은 내 교만을 찌르고, 내 부족함을 드러내며, 하나님 앞에서 낮아지는 법을 배우게 했다. 결국 본부교회가 주최한 육·해·공군 성경암송대회에서 1등을 하게 되었지만, 진짜 상은 그 말씀 자체였다. 지금도 잠언 15장은 우리 가정의 가훈으로 자리 잡고 있으며, 방황의 순간마다 나를 붙드는 살아 있는 무기가 되었다.

또한 신우회 활동은 내게 또 다른 예배의 훈련장이 되었다. 매주 모여 기도하고, 말씀을 나누고, 전군에 보내는 편지를 함께 준비하면서 나는 '하나님의 일꾼이 될 수 있다'는 믿음을 조금씩 배워 갔다. 형제들과 함께 울며 기도하던 그 시간들은, 군 동료가 아니라 믿음의 가족을 얻게 되는 은혜의 시간이었다.

그러던 어느 날, 예기치 못한 부르심이 찾아왔다. 평소 토요 찬양예배 반주를 맡던 형제가 훈련으로 자리를 비우자, 누군가 내게 물었다.

"김 하사님, 피아노 칠 수 있으시죠?"

그 순간 마음은 얼어붙었지만, 하나님께서 오래전 고등학교 시절 토요일마다 교회 청소를 마친 후 교회 반주자였던 후배에게서 몇 소절 배웠던 그 기억을 떠올리게 하셨다. 그때는 별 의미 없다고 생각했던 순간이었지만, 하나님은 그 작은 경험마저 블랙박스에 기록해 두셨다가 그날을 위해 사용하신 것이다. 서툰 손끝이었지만, 뜨겁게 울리는 가슴으로 피아노 의자에 앉았을 때, 나는 깨달았다. 나 같은 사람도 하나님의 예배를 위해 쓰임받을 수 있다는 사실을.

이 사건은 내 인생의 블랙박스에 기록된 세 번째 은혜의 사건이었다. 말 더듬던 입술을 고쳐 주셨던 첫 사건, 세례로

새 생명을 주셨던 두 번째 사건, 그리고 이제 반주자로 세워 주신 세 번째 사건. 하나님은 나를 오래 참으시며, 그 모든 시간을 은혜로 엮어 가셨다.

그리고 마침내 결혼식 날, 신우회 형제들이 불러 준 축가 '선하신 목자'의 가사처럼 하나님은 나를 푸른 초장으로 인도하셨다. 방황하던 20대의 나를 부르시고, 다듬으시고, 세우시더니 결국 믿음의 가정을 이루는 자리까지 이끄신 것이다.

나는 지금도 고백한다.

"여호와는 나의 목자시니, 내게 부족함이 없으리로다."

### 묵상

내 삶의 가장 부끄럽고 기록하기 싫은 순간조차도, 하나님의 블랙박스 안에서는 은혜의 기록이 된다. 방황 속에서도 포기하지 않으시고, 오히려 그 시간을 준비의 과정으로 사용하신 하나님. 그분의 손길은 나의 죄를 은혜로, 수치를 회복으로, 방황을 사명으로 바꾸셨다.

### 말씀

"여호와는 나의 목자시니, 내게 부족함이 없으리로다." (시편 23:1)

기도

사랑과 인내의 하나님,

방황하던 나를 포기하지 않으시고 끝까지 기다리신 주님의 은혜에 감사드립니다.

내 소견에 옳은 대로 행하던 어리석음을 용서하시고,

말씀으로 내 교만을 꺾으시며 겸손을 배우게 하신 주님을 찬양합니다.

주님, 나의 삶에 기록된 블랙박스 사건들을 통해

죄는 은혜로, 수치는 회복으로, 방황은 사명으로 바꾸어 주셨듯이,

앞으로도 내 인생을 오직 주님만의 증거로 사용하여 주옵소서.

내가 선 곳마다 '여호와는 나의 목자'라 고백하며,

말씀과 기도로 세워지는 거룩한 백성으로 살게 하옵소서.

주 예수 그리스도의 이름으로 기도드립니다. 아멘.

육·해·공군 부흥집회

## 11. 믿음으로 버티는 힘

결혼 후 첫째 딸 돌잔치를 치른 지 얼마 되지 않아 IMF 금융위기가 닥쳤다.

한국의 구조조정에는 '대우그룹'의 해체가 있었고, 자동차 관련 계열사만 남기고 워크아웃이 되었다. 대우의 자동차 관련 부서에서 근무하고 있던 남편은 매일 출근은 하였지만, IMF 여파로 인해 6개월 동안 무급으로 일할 수밖에 없었다. 가장이라는 책임감으로 아무 말 없이 출근하던 그의 뒷모습이 지금도 기억에 선하다.

분유와 기저귀가 떨어질 즈음, 뉴스를 통해서 전해지는 대우 부도로 인하여 말 한마디 하지 않았는데도 교회 구역장님은 작은 봉투와 반찬을 건네주셨다. 그 정성에 눈물이 났다. 양가 부모님께는 괜한 걱정을 끼칠까 말하지 못했다. 대신 나는 가까이 계신 시어머님께 인서를 잠깐 맡기고 집 근처 슈퍼에서 아르바이트를 시작했다. 첫 알바비를 받아온 날, 우리 부부는 돈다발이라고 생각하며, 거실에서 돈을 뿌리며 깔깔

깔 웃었다. 잠시나마 고단한 현실을 잊고 서로를 위로했다.

그러던 어느 날이었다. 평소처럼 손님을 응대하고 있는데, 경찰이 들어왔다. 술에 취한 한 아이와 그의 부모가 함께였다. 경찰은 조용히 말했다.
"미성년자에게 술을 판매했다는 신고가 접수되었습니다."

순간, 머리가 하얘졌다. 가게 CCTV를 확인하자, 믿을 수 없는 장면이 눈앞에 펼쳐졌다. 지금 내 앞에 서 있는 그 아이에게, 나는 아무런 확인도 하지 않고 술을 계산해 주고 있었다. 그때는 그저 바쁜 하루 중의 한 장면이었을 뿐인데, 그 실수가 내 인생의 방향을 뒤흔들 줄은 몰랐다.

나는 순식간에 경찰차에 태워졌다. 차디찬 경찰서 조사실에서 진술서를 써 내려가며 손이 덜덜 떨렸다. 1999년, 청소년 주류 판매 금지가 막 법으로 강화된 시기였다.
"순간의 부주의였습니다."
그 말밖에는 할 수 있는 게 없었다.

남편에게 연락할 수도 없었다. 그 시각, 어린 인서를 품에 안은 채 잠들어 있었을 것이다. 나는 그 생각에 더 눈물이 났다.

한참 후, 슈퍼 점장님이 경찰서로 데리러 오셨다. 집에 도착했을 때, 거실 불빛 아래 남편과 인서가 나란히 잠든 모습을 보았다. 그 모습을 보는 순간, 그동안 참았던 눈물이 한꺼번에 쏟아졌다. 조용히 인서 곁에 앉아 입술을 꼭 깨물며 하나님께 속삭였다.

"하나님… 이 일도 지나가게 해 주세요. 저 너무 두렵습니다."

그 시절, 하루하루는 버티는 것이 전부였다. 기도보다 당장의 끼니가 더 급했던 시절, 누군가 40일 작정기도회를 하자고 말했다면 아마 모두들 고개를 저었을 것이다.

그런데 바로 그때, 구역장님이 내게 조용히 말씀하셨다.

"이럴 때일수록 더 기도해야 해요. 하나님은 우리의 형편을 아시고 기다리세요."

처음에는 조금 망설였다. 40일 기도라니…. 하지만, 구역장님은 매일 새벽, 혼자서, 묵묵히, 그리고 눈물로 기도하시는 모습이 마치 조용한 북소리처럼 나의 마음에 울렸고, 새벽예배에 나오기 시작하였고, 새벽에 기도를 못 하면, 구역장님 댁에 가서 기도 일수를 채워 나갔다.

놀랍게도 작은 응답들이 찾아왔다. 판촉 행사에서 기저귀에 당첨되고 외출용 분유를 대리점을 통해 저렴하게 구입할 수 있게 된 일 등 인서에게 필요한 것을 내가 노력하지 않아도 얻을 수 있었고, 엉켜 있던 관계의 회복 등의 크고 작은 응답들이 삶의 자리에 스며들기 시작했다. 그리고 37일째 되는 날, 더 큰 사건이 찾아왔다.

4시간 알바 근무에서 이제는 슈퍼에서 전일 근무를 하기로 마음먹고, 인서를 친정에 맡기기로 했다. 기차를 타고 정읍역에 내려 감기에 걸린 인서를 서둘러 병원 진료를 보게 한 뒤 집으로 가는 버스를 탔다. 다행히 뒷자리에 빈자리가 있어 얼른 자리에 앉았다. 그러나 포대기 속 인서는 낯선 환경에 놀랐는지 갑자기 크게 울기 시작했다. 사람들의 시선이 한꺼번에 쏠렸고, 당황한 나는 인서를 안고 자리를 옮겨야 했다. 조용히 가운데 자리로 이동하여 뒤에 엎여 있는 인서를 내 눈과 마주 보게 하기 위해 앞으로 자세를 돌렸다. 그때였다. 갑작스러운 충격과 함께 버스가 크게 흔들렸고, 교통사고가 났다는 사실을 알아차릴 새도 없이 우리는 의자에서 바닥으로 떨어졌다. 포대기에 누워 있던 인서와 나는 함께 충격을 받았다. 뒤쪽에 앉아 있던 몇몇 승객들은 피를 흘리며 고통을 호소했고, 곧이어 구급차가 도착해 병원으로 이

송되었다. 병원에서 정밀검사를 받은 결과, 놀랍게도 인서와 나는 아무 이상이 없었다. 상처 하나 없이, 기적처럼 무사했다. 의사도 고개를 갸웃할 만큼의 보호였다. 버스 회사로부터는 진료비와 함께 사고로 인한 보상금을 받았고, 우리는 그 일로 경제적으로도 약간의 숨통이 트일 수 있었다.

 돌이켜 보면, 그날은 하나님의 보호하심을 온몸으로 경험한 날이었다. 머리털 하나도 다치지 않게 하신 주님의 손길이 얼마나 세밀하고 강력하신지를 다시금 느낄 수 있었다. 내게 필요했던 것들을 채워 주시고, 그럭저럭 버티던 어려운 시기에도 결국은 마무리할 수 있도록 이끌어 주신 하나님. 항상 나와 함께하시며 지켜 주시는 하나님께 마음 깊이 감사드린다.

 그렇게 40일이 다 되어 갈 무렵, 믿기 어려운 일이 일어났다. 남편의 회사에서 무급 기간이 종료되었고, 다시 급여가 지급되기 시작한 것이다. 게다가 회사 측은 일부 밀린 기간에 대한 보상까지 더해 주었다. 한 치 앞도 보이지 않던 절망의 골짜기에서 하나님의 손이 우리를 다시 끌어올리신 것이다.

 나는 확신했다. 믿음은 상황을 단번에 바꾸는 능력이 아니라, 먼저 나를 먼저 바꾸는 힘이다. 그 시절, 나는 아무 능력도 없었고, 가진 것도 없었지만 기도하는 무릎 하나만으로 버텼다. 그리고 그 무릎 위에 하나님은 응답을 내려 주셨다. 구역장님은 말솜씨가 좋은 분은 아니셨다. 하지만, 그분은 고난 속에서도 '믿음으로 버티는 힘'이 기도에서 나온다는 걸 온몸으로 보여 주셨다. 그때 나는 처음으로 '리더는 말이 아니라 삶으로 이끈다'는 걸 배웠다. 그리고 지금, 나 역시 누군가에게 말한다. "지금이 기도할 때예요. 지금이 하나님을 붙들 때예요."

 묵상

고난은 믿음을 무너뜨리는 순간이 아니라, 믿음을 단단히 세우는 시간임을 배웠다. 우리의 힘으로 버틴 것이 아니라, 무릎 꿇은 자리에서 하나님께 붙들렸기에 견딜 수 있었다. 믿음은 환경을 단번에 바꾸는 능력이라기보다, 먼저 내 마음을 새롭게 하고, 다시 일어설 용기를 주는 하나님의 선물이다.

 말씀

"의인이 부르짖으매 여호와께서 들으시고 그들의 모든 환난에서 건지셨도다. 여호와는 마음이 상한 자를 가까이 하시고 충심으로 통회하는 자를 구원하시는도다." (시편 34:17-18)

기도

하나님 아버지,

IMF의 고난 속에서도 저와 가정을 지켜 주심에 감사합니다.

기도할 힘조차 없던 때도

기도의 자리로 부르시고 응답해 주신 은혜를 기억합니다.

환경보다 먼저 제 마음을 바꾸신 주님의 손길을 붙듭니다.

오늘도 믿음으로 버티는 힘을 주시고,

고난 속에서도 하나님만 바라보게 하소서.

예수님의 이름으로 기도합니다. 아멘.

아기 모델로 처음으로 데뷔했던 인서와 함께

## 12. 둘이 함께 걷는 길

결혼 후, 나는 나와는 다른 남편의 모습을 마주했다.

나는 기도하고, 말씀을 묵상하며 하나님을 찾았다. 반면 남편은 이성적이고 현실적이었다. 숫자에 밝고, 돈의 흐름을 놓치지 않는 사람이었다.

십일조에 대한 나의 순종도 처음에는 남편에게는 처음에는 잘 이해되지 않았다.

"하나님께 드리는 마음이라면, 꼭 십일조일 필요가 있을까?"

현실적인 질문 앞에서 나는 머뭇거리다가 조용히 답했다.

"하나님께 속한 것을 구별하여 드리는 건… 우리 신앙의 고백이야."

내 말보다, 하나님은 더 정확하고 깊이 있는 방식으로 남편을 이끄셨다.

세월이 지나면서 남편의 마음 안에도 하나님을 향한 경외와 믿음이 조금씩 자라기 시작했다.

결혼 초, 우리는 "아이 하나만 낳자."고 약속했다.

첫 아이를 낳고, 부모가 되는 무게를 온전히 느끼자, 그 생각은 오히려 더 단단해졌다.

"하나면 충분하지."

그 결론은 한동안 평화로워 보였다.

하지만 시간이 흐를수록 내 마음 한편에서 잔잔한 파도가 일기 시작했다. 첫째 아이가 자라며 웃는 모습을 볼 때마다 그 곁에 함께 웃고 뛰노는 형제가 있었으면 좋겠다는 작고 조용한 바람이 생겼다.

그 바람은 어느새 기도가 되었다.

"하나님, 한 생명을 더 허락해 주실 수 있으신가요? 이왕이면 아들을 낳고 싶어요."

남편에게는 쉽게 꺼낼 수 없는 말이었기에 나는 조용히 하나님 앞에만 아들을 갖고 싶다고 기도를 하고 있었다. 다시 아이를 낳는다는 것은 육체적으로나 정신적으로 결코 쉽지 않은 일임을 알았기에, 그 기도는 단순한 소망이 아니라 믿음의 간구였다.

하나님이 주셔야만 가능한 생명, 나는 그것을 알고 있었고, 그래서 더 간절히 기도드렸다. 그리고 하나님은 또다시 그분의 방식으로 응답하셨다.

당시에는 태아의 성별을 알려 주지 않던 시절이었지만, 나는 이미 기도 속에서 아들을 품고 있었다. 남편은 첫째 딸의 이름을 내가 지었으니, 둘째의 이름은 본인이 짓겠다고 말했다.

주일 예배를 마치고 나오는 길, 만삭이 된 내 모습을 바라보며 남편이 말했다.
"이삭이라고 하자."
그 순간 나는 깨달았다. 이 이름은 단순한 선택이 아니라 하나님께서 주신 응답의 언약이었다.

그 이름 안에는 남편의 고백이 담겨 있었다. 아버지가 되고, 가정을 이끌 책임을 느끼며 그도 어느새 하나님의 사람으로 다듬어지고 있었던 것이다. 그렇게 하나님께서는 우리 가정에 아들을 주셨다.

그러나 감사는 쉽게 무뎌졌다.
예배는 점점 아이의 울음소리에 밀려났다.

이삭이가 생후 여섯 달이 되던 어느 날, 소아천식 진단을 받았다.

그때 나는 하나님께서 내게 말씀하시는 듯한 확신을 느꼈다.

"감사를 잊으면, 생명을 통하여 깨닫게 하겠다."

그 음성은 마음 깊은 곳을 울렸다. 나는 울며 회개했다.
"하나님, 제가 감사를 잊었습니다. 기적처럼 주신 생명조차 익숙함 속에 놓쳤습니다."

그 무렵 이상한 일이 반복되었다. 남편은 누구보다 꼼꼼한 사람이었는데, 이상하게도 돈이 자꾸 새어 나갔다. 지출 내역도, 계획도 틀림이 없는데, 어딘가로 빠져나가는 돈의 흐름을 막을 수 없었다.

그때, 하나님은 남편의 마음에도 조용히 다가가셨다. 누구의 설명도, 설득도 없이 그 상황 속에서 하나님을 직접 경험하게 하셨다.

그날 이후, 남편은 십일조를 미루지 않았다. 누가 시킨 것도, 억지로 끌고 간 것도 아니었다. 하나님께서 자녀의 질병과 삶의 현실을 통해 십일조의 본질과 하나님의 주권을 남편의 마음 깊은 곳에 새기신 것이다.

그때 나는 알았다.
하나님께서는 나 혼자 일꾼으로 서길 원하신 것이 아니라. 함께 가기를 원하셨다.

남편과 나, 둘이 함께 걷는 믿음의 길.
그것이 하나님의 계획이자 하나님이 오래전부터 그분의 블랙박스에 두신 이야기였다.

### 묵상

믿음의 길은 혼자가 아니라, 함께 길을 걸을 때 더 깊어진다. 하나님은 가정을 통하여 신앙을 연습하게 하시고, 연약함마저도 믿음의 성장으로 빚어내신다.

### 말씀

"두 사람이 한 사람보다 나음은 그들이 수고함으로 좋은 상을 얻을 것임이라 혹시 그들이 넘어지면 하나가 그 동무를 붙들어 일으키려

니와 홀로 있어 넘어지고 붙들어 일으킬 자가 없는 자에게는 화가 있으리라." (전도서 4:9-10)

 기도

주님,
저 혼자가 아니라 가정을 통해 믿음을 배우게 하심에 감사합니다.
함께 걷는 길에서 때로는 다르고 부족할지라도,
주님께서 우리를 같은 방향으로 이끄심을 믿습니다.
우리 가정을 통하여 하나님의 주권과 은혜가 드러나게 하시고,
늘 함께 기도하며 주님 나라를 향해 나아가게 하소서.
예수님의 이름으로 기도합니다. 아멘.

2024.01. 결혼 25주년 베트남 무이네 사막에서 남편과 함께

**PART 3**

# 하나님이 시작하신 일, 끝까지 이루신다

하나님은 나의 실패까지도 사용하셔서

사명의 빛으로 만드신다.

기도의 유산은 길이 되어 남고,

열등감의 뿌리는 은혜로 뽑히며,

선교의 길은 이미 예비되어 있었고,

순종의 여정은 오늘도 계속된다.

"너희 안에서 착한 일을 시작하신 이가 그리스도 예수의 날까지 이루실 줄을 우리는 확신하노라." (빌립보서 1:6)

## 에피소드: 일기장 속 기록(2019.3.21.목)

### 13. 기도라는 숨결을 남긴 사람(故 조영임 권사님을 기억하며)

한 세대의 기도가 다음 세대의 숨결이 되었다. 권사님의 기도는 눈물의 씨앗이 되어 나의 길을 밝혀 주었다.

### 14. 열등감, 하나님이 만지신 가장 깊은 뿌리

고졸이라는 낙인, 가면으로 감췄던 마음… 그러나 하나님은 그 뿌리 깊은 열등감을 만지시고, 공부와 말씀으로 새사람 되게 하셨다.

### 15. 선교, 하나님이 이미 다 준비해 두신 길

네팔의 땅, 어린이 도서관, 선교사님과의 만남… 모든 것은 내가 계획한 일이 아니라, 하나님이 미리 준비해 두신 길이었다.

### 16. 마이크를 쥔 순종의 여정

떨리는 손으로 마이크를 잡을 때마다, 나의 능력이 아닌 하나님의 사명임을 고백한다. 말씀을 전하는 자리에 세우신 하나님께 순종으로 걸어간다.

에피소드
# 일기장 속 기록(2019.3.21.목)

 극동방송에서 「콜링」이라는 영화에 초대되어 이선이 집사님과 함께 다녀왔다. 영화는 "선교란 무엇이며, 소명이란 무엇인가?"라는 질문을 던졌고, 나는 다시금 하나님의 부르심을 떠올리게 되었다. 선교는 하루아침에 완성되는 것이 아니라, 하나님께서 주신 퍼즐 조각들을 오랜 시간에 걸쳐 하나씩 맞추어 가는 여정이었다. 중요한 것은, 그 퍼즐이 단기간에 완성되지 않는다는 사실이다. 영화 속 주인공도 4년이라는 시간을 지나서야 순종의 자리로 나아갔다.

 돌아보면 하나님께서 내 마음에 '선교'라는 씨앗을 심어 주신 것은 십 년 전, 아니 그 이전부터였다. 중국 방언의 체험을 통해, 『꽃으로도 때리지 말라』라는 책을 통해, 공부와 직장 생활을 통해, 그리고 럭치미 자매님과의 만남을 통해… 하나님은 다양한 방법으로 내게 말씀해 주셨다. 2018년 가을부터는 예배 말씀을 통해 더 분명하게 선교의 부르심을 확인시켜 주셨고, 마침내 순종의 발걸음을 내디딘 이

후에는 하나님께서 친히 진행하시는 일들을 지금도 놀랍게 경험하고 있다.

그날 「콜링」 영화를 통해 하나님은 다시 한번 나에게 용기를 주셨고, 오늘 다시금 오랫동안 묻어 두었던 일기장에서 2016년에 기록해 두었던 꿈 하나를 떠올리게 하셨다.

### 꿈의 기록 (2016.5.17.)

먼 산에서 불길이 치솟더니 이내 거대한 불기둥이 하늘을 가르며 솟아올랐다. 그 불기둥은 마치 용처럼 꿈틀거리더니 내 앞에 곧장 내려앉았다. 불길 속에서는 남편과 알 수 없는 한 사람이 함께 걸어 나왔고, 우리는 어느새 금속 원형 같은 거대한 통 안에 들어가 있었다.

잠시 후, '이곳을 나가야 한다'는 강한 생각이 들었다. 내가 앞장서서 사다리 같은 구조물을 붙잡고 오르기 시작했다. 첫 계단은 잡기도 힘들고 몸이 불편할 정도로 버거웠다. 그러나 위로 올라갈수록 사다리는 점점 잡기 편한 모양으로 변해 갔다.

마침내 꼭대기에 다다라 문을 열자, 눈앞에 잔잔한 물결이 탁 트이게 펼쳐졌다. 마치 한강을 내려다보는 듯했고, 그 순간 나도 모르게 "우와!" 하는 감탄이 터져 나왔다.

그곳에서 우리는 모두 벌거벗어 있었지만, 이상하게도 부끄럽지 않았다. 그러나 발아래 보이는 물은 너무 깊었고, 두려움이 엄습했다. '어떻게 나가야 하지?' 하고 망설이고 있을 때, 남편이 먼저 건물 밖으로 걸어 나왔다. 놀랍게도 그의 발이 닿자 수면 위에 얇은 땅이 드러나며 길이 열렸다. 우리 셋은 그 길을 따라 건물 밖으로 나와, 평온하고 광활하게 펼쳐진 수면 위에 서 있었다. 그 순간 설명할 수 없는 기쁨과 안도감이 밀려왔다.

그 곁에 있던 그 알 수 없는 한 사람은... 아마 성령님이 아니셨을까.

그 꿈을 깬 후 하나님께서 내게 주신 말씀은 이사야 43장 2절이었다.

"네가 물 가운데로 지날 때에 내가 함께 할 것이라,
강을 건널 때에 물이 너를 침몰하지 못할 것이며
네가 불 가운데로 행할 때에 타지도 아니할 것이요
불꽃이 너를 사르지도 못하리니."

이 말씀 앞에서 나는 다시 한번 주님을 신뢰할 수밖에 없었다.
"주님, 제 삶이 주님의 부르심에 온전히 응답하는 도구가 되게 하소서. 아멘."

그리고 문득, 나의 믿음보다 남편의 믿음이 더 깊고 단단하다는 생각이 들었다. 하나님께서 내 옆에 믿음의 동역자로 세우신 남편을 바라보며, 함께 걷는 이 길이 더욱 감사하게 여겨졌다.

서울 극동방송 앞에서 이선이 집사님과 함께

## 13. 기도라는 숨결을 남긴 사람
(故 조영임 권사님을 기억하며)

하나님께서는 종종 사람을 통해 우리를 가르치신다.

내 삶의 한 장면, 한 걸음마다 그분은 꼭 맞는 사람을 붙여 주셔서 하나님의 마음을 배우게 하셨다.

그중에서도 구역장님을 통해 기도와 섬김, 그리고 물질에 대한 구체적이고 실제적인 훈련을 받게 되었다. 문제가 생길 때 한숨이 아니라 기도로 나아가야 함을, 하나님의 응답을 믿고 기다리는 법을, 그분의 삶을 통해 배웠다.

그 배움은 단지 입술에서 끝나지 않았다.

삶으로, 기도로, 때로는 침묵과 눈물로 내 안에 깊이 스며들게 하셨다.

그런 의미에서 내게 처음 구역장님이 되어 주셨던 조영임 권사님은 하나님의 블랙박스 안에 담긴 선물 같은 분이셨다.

권사님의 질병은 갑상선암에서 시작되어 머리부터 발끝까지 퍼져가는 전이암이었지만, 기도만큼은 결코 멈추지 않으셨다. 기도는 권사님의 생명이었고, 그분의 하루는 기도로 시작되고, 기도로 끝났다.

인서를 학교에 보내고 나면, 나는 어린 이삭이의 손을 잡고 권사님 댁으로 향하곤 했다. 그곳은 단순히 따뜻한 이웃의 집이 아니었다, 나와 이삭이가 숨을 돌릴 수 있는 피난처와도 같았다.

이삭이는 까칠하고 낯가림이 심한 아이라 처음 보는 사람에게 소리를 지르거나 심지어 물기까지 했다. 새로 입주한 아파트 단지에서 아는 사람 하나 없는 나는 외딴섬처럼 느껴졌다. 아이를 데리고 외출하는 일조차 긴장되고 조심스러웠다.

그런데, 놀랍게도 권사님 역시 내가 사는 단지로 입주되어 이사 오셨다는 사실을 알게 되었을 때 가슴 깊이 벅찬 감동이 밀려왔다. 그건 결코 우연이 아니었다. 하나님께서 외롭고 지친 나와 다루기 쉽지 않은 이삭이를 위해 권사님이라는 품을 예비해 두셨던 것이다.

권사님은 내게 "언제든지 들어와, 아무 때나 괜찮아."라는 프리패스를 내어 주셨다. 이삭이도 권사님 앞에서는 언제 그랬냐는 듯 편안히 웃고 놀았다. 나는 그 사랑 안에서 위로받고, 이삭이는 그 사랑 속에서 차츰 안정되어 갔다.

권사님은 갑상선 호르몬의 영향으로 아침이면 늘 누워 계셨고, 목소리는 깊게 잠겨 있었지만, 그분은 여전히 내게 가장 따뜻한 이웃이자 믿음의 어른이었다.

세월이 흘러 내가 갑상선암을 진단을 받고, 수술을 받으며 몸과 마음이 지쳐 있을 때마다 문득 떠오르는 얼굴이 있었다. 바로 조영임 권사님이었다.

'아침을 맞이하는 것이 이렇게 힘든데… 권사님은 어떻게 매일 아침 나를 맞아 주셨을까?'

몸의 회복보다 마음의 피로가 더 깊어 가던 날들, 그럴수록 권사님이 더 그리워졌다. 밥을 챙겨 주시고, 내 이야기를 끝까지 들어주시고, 때로는 조용히 눈을 감고 나를 위해 깊은 중보의 기도를 올려 주시던 그분의 모습이 떠올랐다.

그분은 자신의 몸을 아끼지 않으셨다. 아픈 몸을 이끌고도 교회를 위해, 목사님을 위해, 늘 누군가를 위해 기도하셨고, 한 번도 자신의 고통을 먼저 말하지 않으셨다. 이제야 알겠다. 그분의 삶은, 자신을 내어 주셨던 예수님의 사랑을 닮은 삶이었다.

권사님은 내게 기도가 곧 삶임을 가르쳐 주셨다.
내 안에 잘못된 생각과 태도가 보일 때면 정죄가 아닌, 사랑으로, 부드럽지만, 분명하게 말씀하시며 기도로 나를 옳은 길로 이끌어 주셨다.

어느 날, 나는 권사님이 많은 사람 앞에서 복음을 전하고 계신 꿈을 꾸었다. 그 모습은 너무도 생생했다. 꿈에서 깨어난 나는 그곳이 어쩌면 천국일지도 모른다는 생각이 들었다.

며칠 후, 권사님이 침상에 누운 채 나를 바라보며 물으셨다.
"혹시… 내 꿈 꿨지? 나 얼마 안 남았지?"

나는 잠시 머뭇거리다가 조심스럽게 말했다.
"권사님이 많은 사람 앞에서 당당히 일어나 복음을 전하셨어요. 목소리도 지금처럼 작지 않았고, 힘이 넘쳤어요. 그곳은… 마치 천국 같았어요….”

권사님은 조용히 웃으셨다. 이미 본인도 이 땅에서의 여정이 오래 남지 않았음을 알고 계셨다.

그리고 몇 년 후, 나는 권사님의 임종 소식을 듣게 되었다.

그때 깨달았다.

**기도가 사람을 살린다. 성도의 교제 속에 하나님이 계신다. 그리고 우리는 사람을 의지하는 것이 아니라, 그 사람을 통해 일하시는 하나님을 의지해야 한다는 것을….**

나의 첫 구역장님, 조영임 권사님!
그분은 하나님의 블랙박스 안에 담긴 가장 눈부신 기도의 숨결이었다. 지금도 그분이 남긴 기도의 향기가 내 삶 곳곳에서 조용히 피어나고 있다.

 묵상

한 사람의 기도는 사라지지 않는다. 그 숨결은 또 다른 생명 안에서 이어지고, 하나님의 때에 열매 맺는다.

### 말씀

"그 두루마리를 취하시매 네 생물과 이십사 장로들이 그 어린 양 앞에 엎드려 각각 거문고와 향이 가득한 금 대접을 가졌으니 이 향은 성도의 기도들이라." (요한계시록 5:8)

### 기도

주님,
기도로 제 삶을 이끌어 주셨던 믿음의 선배를 기억합니다.
그분의 기도가 오늘 제 안에서 여전히 살아 있음을 고백합니다.
저 또한 누군가의 삶에 기도의 숨결을 남길 수 있게 하소서.
주님 다시 오시는 날까지,
기도로 이어지는 믿음의 계보가 끊어지지 않게 하소서.
예수님의 이름으로 기도합니다. 아멘.

우리 집 식탁 모임 자리

## 14. 열등감, 하나님이 만지신 가장 깊은 뿌리

 나는 착한 아이가 아니었다. 욕심이 많았고 질투심도 많았다. 겉으로는 조용히 웃고 있는 아이였지만, 내면은 늘 복잡했다. 결혼 후 주변을 돌아볼 때마다 '고졸'이라는 단어가 나를 찌르기 시작했다. 누가 뭐라 하지 않아도 나는 나를 자꾸만 작고, 부족한 존재로 여겼다.

 그 열등감을 감추기 위해 말투를 꾸미고, 옷을 가꾸고, 겉모습을 다듬으며 '괜찮은 사람'처럼 보이려 애썼다. 그러나 그 꾸밈은 오래 가지 않았다. 내면의 비교와 자책은 반복되었고, 스스로가 점점 싫어졌다.

 그때 하나님께서 뜻밖의 길을 열어 주셨다. 작은 가정어린이집에서 보육교사로 근무하던 시절, 나는 영아들의 소리 하나하나에 유독 마음이 머물렀다. "쿠잉(cooing)—" 아직 말은 할 수 없지만, 입술로 세상을 배우는 그 작은 소리들이 왜 그렇게 귀에 남는지 알 수 없었다. 그 반복적인 옹알이

속에 분명 어떤 의사(意思)가 담겨 있을 텐데…. 그 궁금함이 내 마음 깊은 곳을 자극했다.

그때 하나님께서는 배움의 길을 열게 하셨다. 늦은 나이였지만, 서울신학대학교에서 공부할 수 있는 기회를 주셨다. 그 길의 문을 열어 주신 분은 '기쁜소리 어린이집'의 원장님이었다.
그분을 통해 하나님은 내게 "이제 다시 배우라"는 사인을 주셨다.

그러나 그것은 단순한 시작에 불과했다. 오랫동안 마음속에 숨겨 두었던 열등감의 뿌리를 다루기 위해, 하나님은 특별한 사람들을 내 삶에 보내셨다.
지금 돌아보면, 그분들은 마치 성령님께서 보내주신 '세 명의 천사' 같았다.

첫 번째 천사는 대학어린이집의 손정미 원장님이었다.

방학 중, 나는 대학어린이집에 면접을 보러 갔다. 그 자리에서 조심스레 말했다.
"저…. 공부를 계속하고 싶어요."

아직 졸업도 하기 전이라 종일 근무는 어려웠지만, 원장님은 미소 지으며 누리 보조 교사로 시작할 수 있도록 길을 열어 주셨다. 그렇게 나는 졸업 후 정식 교사로 자리를 옮기게 되었다.

시간이 흘러, 석사과정 원서 접수 마지막 날이었다.
공부는 여전히 하고 싶었으나, 등록금도 부담이 컸다. 이미 대학교도 졸업했고, 직장도 안정적이었기에 '지금 이대로도 괜찮지 않을까?' 하는 마음이 나를 붙잡았다.
그렇게 서류를 제출하지 못하고 복도 한편에서 망설이고 있을 때, 원장님이 다가오셔서 내 어깨를 툭 치며 말씀하셨다.

"원서 냈지? 약속 지켜야지."

순간, 나는 멈칫했다.
'약속…? 내가 무슨 약속을 했었지?'
그때 기억이 났다.
누리 교사 면접을 보던 날, 내가 조심스레 내뱉었던 "공부를 계속하고 싶다"는 그 한마디.

원장님은 그 짧은 말을 마음에 담아 두고 계셨던 것이다.

그 순간, 나는 깨달았다. 이건 단순한 격려가 아니었다. 마치 하나님께 드렸던 서원 기도를 사람의 입술을 통해 다시 들려주시는 것 같았다.

결국 나는 원서를 제출했다. 그렇게 석사과정의 길이 시작되었다.

등록금은 여전히 버거웠지만, 하나님은 방법도 함께 열어 주셨다. 매달 급여에서 100만 원씩 따로 떼어 저축하게 하시고, 학자금 대출 없이 졸업까지 마칠 수 있도록 하나님은 정확하게 계산된 은혜의 길을 예비해 두셨다.

두 번째 천사는 현정환 교수님이었다.

석사과정 중 졸업논문을 쓰는 일은 생각보다 훨씬 버거웠다. 자료는 모였지만, 정리가 되지 않았다. 낮에는 근무하고, 밤에는 글을 쓰다 보니 논리의 흐름을 따라 문장을 완성해 내는 일은 또 다른 고비였다.

포기하고 싶은 마음이 들 무렵, 동기인 이용욱 선생님이 나의 사정을 마치 자신의 일처럼 속상해하며, 조심스레 현정환 교수님께 전해 드렸다.

며칠 뒤, 교수님께서 나를 학과실로 부르셨다. 조용한 목소리로 말씀하셨다.

"낮에 일하고, 밤에 공부하는 게 얼마나 힘든지 압니다. 하지만 수료로 마친다면, 지금까지의 노력이 아무 의미가 없어집니다."

그 말에는 따뜻함과 단호함이 동시에 담겨 있었다. 그날 이후, 교수님은 지도교수님 이상으로 내 논문을 세심하게 살펴주셨다. 글의 주제와 구성, 통계의 세부 수치 하나까지 꼼꼼히 점검해 주셨고, 때로는 따끔한 지적으로, 때로는 따뜻한 격려로 나를 이끌어 주셨다.

그 덕분에 나는 다시 마음을 다잡을 수 있었다. 논문을 완성할 수 있었던 것은 단지 내 힘이 아니라, 교수님의 정성과 믿음, 그리고 그 뒤에 계셨던 하나님의 손길 때문이었다.

그리고 세 번째 천사는 이용욱 선생님이었다.

그분은 나의 직장 동료이자 학교 동기, 늘 기도로 나를 응원해 준 믿음의 친구였다.

만학도의 외로움을 말보다 깊은 눈빛으로 알아 주었고, 짧은 문자 한 줄로도 내 마음을 다독여 주었다.

힘겨운 시기마다 그분의 기도와 격려가 곁에 있었다. 그 따뜻한 동행이 없었다면, 나는 그 길을 끝까지 버티지 못했을 것이다. 그분은 내게 '함께 걸어 주는 사랑'이 얼마나 큰 위로가 되는지를 가르쳐 주었다. 조용한 기도와 진심 어린 관심을 통해 하나님께서 나를 지켜보시고 계신다는 것을 다시 믿게 해 준 사람이었다.

열등감이라는 죄의 뿌리는 한순간에 뽑히지 않았다.

그러나 하나님은 나를 꾸짖지 않으셨다. 대신 사람을 통해 인도하시며 조금씩, 깊이, 그리고 확실하게 뿌리를 다뤄 가셨다.

이제 돌아보면, 분명히 알 수 있다. 만약 학부 졸업으로 멈췄더라면, 나는 다시 열등감에 빠졌을지도 모른다. 그리고 그 감정을 감추기 위해 또 다른 죄를 지으며 스스로를 속이며 살았을 것이다.

하나님은 그 사실을 나보다 더 잘 아셨다. 그래서 포기하지 않도록 이끄셨고, 때로는 억지처럼 느껴지는 손길로 나를 석사 졸업장까지 이끌어 가셨다.

그러나 이제 깨닫는다.
하나님이 원하신 것은 공부 자체가 목적이 아니었다. 그 여정은 나를 죄의 뿌리에서 건지시기 위한 하나님의 지극히 선한 구원의 도구였다.

시간이 흐를수록 더 분명해진다. 하나님께서 내게 이 과정을 끝까지 가게 하신 이유는 단지 나를 자유롭게 하시기 위함만은 아니었다.

하나님의 일을 맡기시기 위해, 나를 준비하고 계셨던 것이다. 감정에 휘둘리지 않고, 비교에 무너지지 않으며, 사람 앞이 아니라 하나님 앞에 설 수 있는 훈련.
그 준비의 일환으로 하나님은 내게 석사과정을 허락하셨다. 그 길의 모든 순간은 하나님의 블랙박스 속에 고스란히 기록되어 있었고, 그분은 그 속에서 나를 하나님의 일꾼으로 다듬어 가고 계셨다.

## 묵상

그때의 공부는 지식을 위한 길이 아니라, 사명을 위한 훈련이었다. 하나님은 내가 감당할 사명을 아시고, 그 사명에 걸맞은 사람으로 미리 준비시키셨다. 열등감의 뿌리를 만지신 하나님은, 오늘도 나를 빚어 가신다.

## 말씀

"나에게 이르시기를 내 은혜가 네게 족하도다 이는 내 능력이 약한 데서 온전하여짐이라 하신지라 그러므로 도리어 크게 기뻐함으로 나의 여러 약한 것들에 대하여 자랑하리니 이는 그리스도의 능력이 내게 머물게 하려 함이라." (고린도후서 12:9)

## 기도

주님,
저의 깊은 열등감을 드러내시고 만져 주셔서 감사합니다.
사람 앞에서가 아니라 하나님 앞에 설 수 있도록 다듬으신 은혜를 기억합니다.
비교와 자책이 아닌, 주님의 부르심 안에서 자유하게 하시고,
맡기실 사명을 감당할 준비된 자로 세워 주옵소서.
예수님의 이름으로 기도합니다. 아멘.

서울신학대학원 보육학 홈커밍데이

## 15. 선교, 하나님이 이미 다 준비해 두신 길

대학어린이집에서 만난 럭치미 선생님은 한국어도 유창하고, 마음이 따뜻한 네팔 출신의 교사였다. 우리는 일터에서만이 아니라 삶의 깊은 이야기를 나누는 친구가 되었는데, 어느날 그녀가 말했다.

"선생님, 언젠가 저랑 같이 네팔 가 보실래요? 제가 꼭 소개해 드리고 싶은 분도 있고, 가 보셔야 할 곳도 있거든요."

그 말은 오래도록 내 마음에 남았다. 결국 우리는 네팔행을 결정했다. 그러나 출발을 앞두고 럭치미 선생님이 개인적인 사정으로 함께하지 못하게 되었다는 연락을 받았다. 이미 기도 가운데 준비된 여정이라 생각했고, 대신 남편과 함께 가기로 했다. 럭치미 선생님은 대신 한 분을 소개해 주셨다. 카트만두에서 사역 중인 전재우 선교사님. "그분을 만나시면, 꼭 하나님의 인도하심을 느끼게 될 거예요." 그녀의 말은 마치 작고 조용한 예언처럼 들렸다.

그렇게 우리는 아무도 아는 이 하나 없는 땅, 네팔 카트만두 공항에 도착했다. 그 순간, 나는 조금의 두려움과 설렘 사이에서 조용히 숨을 골랐다. 무더운 공기, 낯선 언어, 낯선 풍경, 모든 것이 처음이었다. 그러나 마음 한편에는 '이 길도 하나님께서 예비하신 길일 것'이라는 믿음이 자리 잡고 있었다. 공항 출구에서 우리를 기다리고 있던 분은 바로 전재우 선교사님이었다. 첫인상은 현지인이라고 느껴질 만큼의 까만 피부에 차분하고 다정한 분이셨고, 우리 부부를 보자 따뜻한 웃음으로 반겨 주셨다. "잘 오셨습니다. 하나님의 타이밍은 늘 정확하니까요." 그 말은, 내 마음에 길게 메아리쳤다. 마치 우리가 여기 올 줄 알고 기도하고 계셨던 분 같았다.

선교사님께서 안내해 주신 숙소에서 짐을 풀고, 다음 날부터 거리의 아이들, 현지인들과 함께하는 공동체 사역…. 나는 그곳에서 내가 할 수 있는 것이 무엇인지 찾기 시작했다. 그러던 중 선교사님 부부가 오랫동안 기도해 오셨다는 사역 이야기를 들었다. "이곳 아이들에게 책을 읽을 수 있는 공간이 있었으면 좋겠어요. 공부를 잘하라는 의미가 아니라, 복음이 머무는 장소, 그리고 치유와 회복이 시작되는 공간이요." 카트만두의 빈민가 골목, 배움의 기회조차 누리지 못한 아이들이 골목을 헤매고 있다고 한다. 그런 아이들에게 도서관은 '놀이터'이자 '학교'였고, 때로는 처음 들어보는 복음의 씨앗이 심어지는 예배당이 되고 싶다고 말씀하셨다. 그 말에 나는 갑자기 가슴이 뭉클해졌다.

그렇게 '코필라 어린이 도서관' 준비가 시작되었다. 코필라(Kopila)는 네팔어로 '새싹'이라는 뜻이다. 도서관의 이름처럼, 이곳이 아이들의 마음에 작고 푸른 새싹이 자라나는 공간이 되기를 소망하며 하나하나 준비해 나갔다. 어린이 도서관 사역… 그곳에 책과 공간은 있었지만, 어린이 눈높이에 맞는 환경이 부족했다. 어린이집 교사로 오랜 시간 일했던 내 경험과 마음이 이곳에 환경 구성과 공간 활용의 노하우가 그동안의 축적된 경험을 한 곳에 마음껏 쏟아 부을 수 있었다.

이곳에 와서 주일을 보내게 되었을 때 주일학교에서 말씀을 전할 기회도 주어졌다. 갑작스러운 제안이었지만 하나님은 전날 밤 지혜를 주셔서, 밤을 새워 손수 그린 말씀 그림 자료와, 예화 하나까지도 그곳 아이들에게 꼭 맞게 사용하셨다. 준비해 간 미술 활동 재료를 챙겨 갔지만, 예상보다 아이들이 많았다. 재료가 부족했고, 나는 당황했다. 그때 하

하나님께서는 남편을 통해 결국 단 한 명도 빠짐없이 활동에 참여할 수 있게 하셨다. 미술 도구를 나눠 준 남편이 직접 경험한 기적이었다. 도화지와 그리기 도구를 주고 또 주어도 부족하지 않았고, 오히려 남는 도구들이 있었다. 남편은 그 순간을 두고 "내가 오병이어의 기적을 직접 체험했다."라고 고백했다. 우리는 놀라움과 감사 속에 그날의 사역을 마무리할 수 있었다.

하나님은 남편을 줄곧 사용하셨다. 남편은 차량 정비라는 귀한 기술의 달란트로 네팔 지역에 계신 선교사님들의 차량 문제를 도왔다. 2년 전 갑자기 땅을 사고 집을 짓게 하셨던 일조차 코필라 도서관의 배란다 용접 작업으로 연결되었다. 그곳에선 용접 기술이 꼭 필요했고, 남편은 완벽하게 그 역할을 감당해 냈다. 나는 속으로 외쳤다. "하나님, 이 모든 준비가 다 선교를 위한 거였군요!"

선교의 마지막 여정으로 포카라를 방문했을 때, 고산병으로 밤새 뒤척이며 한숨조차 제대로 쉴 수 없던 그 밤은 유난히 길고 고통스러웠다. 하지만 아침이 되어 창문을 열자, 눈앞에 장엄한 풍경이 펼쳐졌다.

어제까지의 고통이 무색할 만큼, 눈부신 햇살에 빛나는

히말라야 설산이 병풍처럼 서 있었다. 하얀 산맥은 한순간에 내 영혼 깊숙이 스며들며, 그 자리에서 나는 아무 말도 할 수 없었다. 오직 눈물만이 흘러내렸다.

그 순간, 마음속에 또렷하게 울려 퍼졌다.
"수고했다. 잘했다."

그것은 단순한 자연의 장관이 아니라, 하나님께서 나를 위해 준비하신 위로이자 축복이었다. 견딘 밤 끝에 주시는 새벽의 선물이었고, 이 길이 결코 나의 선택이 아니라 하나님의 예비였음을 확인하는 음성이었다.

돌아보면, 열등감을 다루게 하신 것도, 학업을 포기하지 않게 하신 것도, 사람들을 통해 준비시킨 것도 모두 이 길을 위한 하나님의 손길이었다. 선교는 내 발걸음이 아니라, 하나님이 이미 다 준비해 두신 길이었다.

하나님의 일은 준비된 사람에게 맡겨진다.
내가 견뎌낸 시간은 모두 하나님의 손길 안에 있었고,

그 손길은 결국 나를 보냄받은 자리로 이끄셨다.
하나님은 언제나 앞서 가시며, 가장 좋은 길로 준비하고 계신다

 말씀

"여호와의 말씀이니라 너희를 향한 나의 생각을 내가 아나니 평안이요 재앙이 아니니라 너희에게 미래와 희망을 주는 것이니라." (예레미야 29:11)

 기도문

하나님, 나의 걸음마다 이미 길을 예비하시고, 필요한 사람과 환경을 준비해 두신 은혜를 감사합니다.
내가 볼 수 없을 때도, 느끼지 못할 때도, 하나님의 섭리는 한순간도 멈추지 않았음을 고백합니다.
광야 같은 시간조차도 주님의 계획 속에 있었음을 믿습니다.
주님, 앞으로의 삶도 나의 뜻이 아니라, 주님의 뜻 가운데 걷게 하소서.
보내시는 자리에서 순종하며, 맡기신 사명을 기쁨으로 감당하게 하소서.
내가 준비하는 것이 아니라, 이미 주님이 준비해 두신 길을 따라가게 하소서.

포카라 호텔에서 바라본 히말라야의 눈 덮인 능선들.
침묵 속에서도 하나님의 위엄이 느껴졌다.

## 16. 마이크를 쥔 순종의 여정

"아이들의 마음에 따뜻함을 전하고 싶다."

공부를 하면 할수록 '배워서 남 줘라'라는 생각이 커져 갔다. 어느 날 문득, 내 안에 이 간절한 바람이 자리 잡기 시작했다. 그것은 단순한 소망이 아닌 누군가의 삶에 스며드는 말씀의 통로, 회복의 통로가 되고자 하는 꿈이었다. 아이들을 위한 강의, 보육교사들을 위한 강의, 영·유아 자녀를 키우는 학부모를 위한 강의로 자라나기 시작한 그 마음을 하나님은 그것을 '사명'으로 키워 가고 계셨다.

강의 경험은 전혀 없던 나는 무슨 용기인지, 아이들과 부모님을 위해 마중물의 역할을 하고자 '무언가'를 계속해서 꿈꾸게 되었다. 그러던 어느 날, 지나던 길목에서 '아동 인권 시민 강사 양성 과정 모집'이라는 현수막이 눈에 들어왔다. 그날은 원서 접수 마지막 날이었다. 마치 하나님께서 내게 "이 길이야!"라고 말씀하시는 것 같았다. 스스로 자격이 된다고 여긴 나는 주저 없이 서류를 제출했고, 30명의 교육

생 명단에 들어가게 되었다. 80시간의 교육을 수료한 뒤 마지막 관문인 시연 발표까지 마친 후, 최종적으로 8명 안에 들어 2019년 시흥시 시민 강사로 위촉받았다. 그러나 이듬해 전 세계를 덮친 코로나19로 인해 학교 강의는 시작도 하기 전에 전면 중단되었다.

처음에는 좌절이 컸지만, 하나님은 또 다른 문을 준비해 두셨다. 바로 'ZOOM'이라는 온라인 플랫폼이었다. 처음 다뤄 보는 기술에 당황했지만, 하나님께서 감당할 힘도 함께 부어 주셨다. 강의를 위해서 미리 공부하고, 직접 강의를 들어 가며 준비했던 'ZOOM'은 교회학교 온라인 예배에서도 활용할 수 있도록 길을 열어 주셨다. 재미있게 배우고 활용하며 익힌 이 도구는 이후 본격적인 사역의 통로가 되었다. 비대면 온라인 강의로 시흥시 관내 초등학교를 시작으로 안산, 광명 지역, 중학교와 고등학교, 그리고 유치원 교사 교육까지 지경이 넓어지기 시작했다. 이처럼 하나님은 예상치 못한 위기 위기 속에서도 새로운 길을 여셨고, 그 길은 또 다른 만남과 사역의 확장으로 이어지게 되었다.

돌아보면, 내 발걸음 하나하나는 하나님께서 미리 준비해 놓으신 길이었다. 강의를 한 번도 해 본 적 없는 나를 강단에 세우시고, 누구도 예상하지 못했던 온라인 시대를 앞서 대비하게 하시며 ZOOM 강의까지 배우게 하신 하나님. 그분은 모든 순간을 블랙박스처럼 기록하시며, 완벽하게 이루어 가셨다.

특별히 지난 5년간 시흥시 소속으로 활동하면서 하나님께서 열어주신 길은 점점 더 넓어져 갔다. 그 경험을 통해 여러 기관으로부터 초청을 받게 되었고, 사람과 사람을 통해 나의 지경은 계속 확장되었다. 무엇보다 보람된 것은, 취학 전 유아들을 위한 **유아 인권교육 교수 교재**를 직접 개발하여 시흥시에 처음 도입한 일이었다. 그 과정 속에서 시흥시는 시정과 지역사회 발전에 기여한 공로를 인정하며 우리 강사단들에게 유공자 표창장을 수여했다.

그 상장은 단순한 종이 한 장이 아니었다. 하나님께서 여기까지 인도하셨음을 다시금 확인하는 증거였고, 그분의 손길을 증언하는 감사의 표식이었다.

그러나 나는 지치고 말았다. 기쁘고 보람찬 사역의 현장이었지만, 어느 순간부터 나 자신이 지쳐 가고 있음을 느꼈다. 아이들과 만나는 자리는 여전히 즐거웠지만, 강의를 준비하고 나서는 것이 부담으로 다가왔다. 그런 내 마음을 아신 하나님은 내 마음에 조용히 말씀하셨다.

"괜찮다, 그 모습 그대로."

나는 여전히 부족하고, 가끔은 불평하고 싶을 때도 있지만, 하나님은 그런 나를 '그대로' 사용하신다. 지금도, 그 강의는 끝나지 않았다.

하나님께서는 한 장의 현수막을 통해 나를 부르셨고, 하나도 빠짐없이 그분의 블랙박스에 기록하시며 내 인생의 강의실을 만들어 가셨다. 아동부 사역간사로서 마이크를 쥐게 된 그 첫걸음은 그리스도인으로서 사회의 강단에 서는 길을 여는 통로가 되었고, 이후로도 하나님은 곳곳에서 복음을 전할 수 있는 강단으로 나를 이끄셨다.

지금도 그 블랙박스는 여전히 "녹화 중"이다.

### 묵상

하나님께서는 우리가 무언가를 '잘할 수 있을 때' 부르시는 분이 아니라, '순종할 수 있을 때' 사용하시는 분이시다. 단 한 장의 현수막 앞에서 머뭇거리지 않고 내디딘 그 발걸음은, 어느새 수많은 아이들과 가정에 말씀과 회복을 전하는 통로가 되게 하셨다. 때론 지치고, 부족함이 드러날 때도 주님은 말씀하셨다.

"괜찮다, 그 모습 그대로."

하나님은 내가 무대 위에 서 있을 때만 아니라, 준비하는 시간 속에서도, 흔들리는 마음속에서도 함께하셨고, 모든 걸 블랙박스처럼 기록하고 계신다. 그 기록은 나의 헌신을 하나도 잊지 않으시겠다는 주님의 약속이다. 마이크를 쥔 이 사명의 여정은 내 능력이 아닌 하나님의 부르심에 대한 '예'라는 응답으로 시작된 것이고, 지금도 그 순종은 계속되고 있다.

 말씀

"우리가 이 보배를 질그릇에 가졌으니 이는 심히 큰 능력이 하나님께 있고 우리에게 있지 아니함을 알게 하려 함이라." (고린도후서 4:7)

 기도문

하나님 아버지, 작은 순종의 발걸음을 사용하시고, 부족한 나를 강단에 세워 주신 은혜에 감사합니다.

제가 준비되지 않았어도, 주님은 이미 모든 길을 준비해 두셨음을 고백합니다.

사람의 눈에는 보잘것없는 모습일지라도, 주님의 손에 붙들리면 복음을 전하는 도구가 될 수 있음을 경험하게 하심을 감사합니다.

주님, 지칠 때도, 흔들릴 때도, "괜찮다, 그 모습 그대로." 말씀해 주시는 주님의 음성을 잊지 않게 하소서.

시흥시장님과 아동돌봄과 주무관님, 그리고 아동강사단이 유공자 표창장을 함께 받고 기쁨을 나누었다. 작은 수고가 모여 큰 빛이 되는 순간이었다.

**PART 4**

# 하나님 안에서, 하나님과 함께, 하나님을 향하여

섬김은 선택이 아니라 정체성이다.

신학은 나의 핑계였으나,

복음은 나의 진짜 이유였다.

'그리스도인'이라는 이름을 지켜내며,

오늘도 나는 하나님 나라를 향해 걷는다.

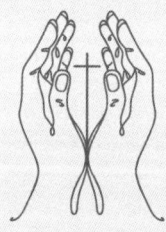

> "그리스도 예수의 사람들은 육체와 함께 그 정욕과 탐심을 십자가에 못 박았느니라. 만일 우리가 성령으로 살면 또한 성령으로 행할지니." (갈라디아서 5:24-25)

### 17. 신학은 핑계, 복음은 진짜 이유

공부가 목적이 아니었다. 핑계처럼 시작했지만, 결국 나를 이끌어간 힘은 복음이었다. 하나님은 학문을 넘어 복음으로 나를 부르셨다.

### 18. 그리스도인이라 불리는 이름

세상 속에서 '그리스도인'이라 불리는 이름은 영광이자 책임이었다. 그 이름을 지키는 것이 곧 사명임을 배워 갔다.

### 19. 블랙박스가 열리던 날

하나님과의 대화 속에서, 내 인생의 블랙박스가 열렸다. 기록하라는 명령, 기억을 글로 새기라는 부르심이 내 사역의 또 다른 시작이 되었다.

## 20. 눈물의 기도로 세워지는 믿음의 가정

가정은 강요로 세워지지 않고, 눈물의 기도와 기다림 속에서 믿음의 터전이 된다. 작은 변화와 자녀의 고백 속에 하나님은 이미 우리 가정에 천국의 평안을 심으셨고, 온 가족이 함께 예배드릴 날을 준비하고 계신다.

## 21. 눈 덮인 아침, 사역자의 교만을 꺾으신 하나님

눈 덮인 아침을 통해 교만을 꺾으시고, 작은 순종으로 길을 열어주신 하나님. 부부가 함께 같은 믿음의 고백을 하게 하신 은혜의 사건이었다.

## 17. 신학은 핑계, 복음은 진짜 이유

담임목사님께서 3년 동안 말씀하셨다.

"성서 신학원에 들어가 공부를 해 보세요. 하나님이 원하시는 길일 수 있어요."

그 말씀이 내 마음을 여러 번 두드렸지만, 선뜻 순종하기가 어려웠다. 상황도 내 마음도 준비되지 않았기 때문이다.

그러다 하나님의 때가 되자, 더 이상 거절할 수 없을 만큼 모든 문이 한꺼번에 열려 버렸다. 오랫동안 근무하던 어린이집에서도 원장님께서 "이제는 교회 일을 마음 편히 하세요."라며 아름답게 퇴사를 정리해 주셨다.

그 순간 나는 알았다.
이제 하나님께서 직접 길을 여시고 계신다는 것을. 목사님은 추천서를 써 주셨고, 나는 마침내 성서신학원에 입학원서를 제출했다.

하지만 마음은 여전히 복잡했다. 입학일이 다가올수록 '그만둘까?'라는 생각이 자꾸 올라왔다. 그러던 어느 날, 12월 겨울 새벽예배를 가려던 길에 마당에서 미끄러져 왼쪽 발목을 다치고 말았다. 골절이었다. 나는 속으로 외쳤다.

"하나님, 이제는 다리가 불편해서 학교에 입학할 수 없어요. 대중교통도 못 타요."

그런데 바로 그때, 전 세계를 강타한 코로나19로 인해 신학원 입학도 미뤄지기 시작했다. 시간은 지났고, 3월이 되었는데도 나는 여전히 목발을 짚고 있었다.

다행히 운전은 할 수 있을 정도로 회복되었지만, 늘 타고 다니던 경차가 고장이 나 폐차를 하게 되었다. 이제는 남편의 큰 차를 몰고 서울까지 다녀와야 하는 상황이 된 것이다.

마음은 더 복잡해졌다. 나는 하나님께 처음으로 '기드온의 기도'를 드렸다.

"하나님, 제가 정말 신학원에 가는 것이 하나님의 뜻이라면…. 차를 주세요. 그럼 제가 순종할게요."

사실 그 기도는 순종이 아니라, 회피였다. '절대로 차가 생길 리가 없지' 그런 마음으로 드린 기도였다.

그런데 그로부터 6일 후, 남편이 퇴근하면서 전화를 했다.
"여보, 집 앞이야. 나와 봐."

마당 앞에는 낯선 마티즈 한 대가 서 있었다. 남편이 웃으며 말했다. "당신 차야."

그 순간 눈물이 났다. 기쁨의 눈물이라기보다, 더 이상 피할 수 없다는 실감에서 흘러나온 눈물이었다.

입학은 일주일밖에 남지 않았다. 나는 여전히 기도했다.
"하나님, 운전이 걱정이에요. 주차도 자신 없고, 길이 복잡하면… 다음 해에 갈게요."

그리고 시간이 흘러 오늘 주일이 지나면 내일부터 신학원이 개강한다. 주일 예배를 마친 후, 남편과 함께 학교까지 연습 운전을 해보았다. 그런데 하나님은 마치 웃기라도 하시듯, 길을 활짝 열어 놓으셨다. 신학원까지 가는 길은 단 하나, '직진'이었고, 주차장도 놀라울 만큼 넓었다.

나는 그렇게 울면서 신학원 첫 학기를 시작했다.

벚꽃이 흩날리는 봄날 순종의 길을 걷는다는 것이 이토록 어렵고 눈물 나는 일이라는 것을 그때, 처음 알았다.

벚꽃이 지는 세 달 동안 나는 울면서 신학원을 다녔다.

'왜 하나님은 이렇게까지 나를 이끄실까…?'

그 물음의 답은 시간이 지나며 조용히 내 마음속에 쌓여갔다.

그곳에서 나는 백만숙 목사님을 만나게 되었고, 십자가 복음을 새롭게 들을 수 있었다. 주님은 나를 공부하라고 부르신 것이 아니라, "나는 주님의 것입니다."라는 그 고백이 내 삶이 되도록 이끄신 것이었다.

신학 공부는 뜻밖에도 너무나 즐거웠다.

'성경이 꿀송이보다 달다'는 말씀이 실제로 느껴졌다. 강의실에서 배우는 지식이 아니라, 말씀 속에서 살아 계신 하나님을 만나는 시간이었기에 더욱 그랬다.

무엇보다 백 목사님께서 신학원생들을 섬기는 모습을 가까이서 지켜보며, 진짜 섬김이란 억지가 아니라 감사와 기쁨에서 흘러나온다는 것을 배웠다. 그 섬김 속에서 나는 예수님의 섬김을 발견했고, 그것이야말로 하나님이 내게 보여주신 가장 큰 수업이었다.

하나님은 정확한 때에, 정확한 길을 여시고 나를 그 길에 놓으셨다. 만약 그해에 입학하지 않고 또다시 다음 해로 미루었다면, 나는 끝내 그 길을 밟지 못했을 것이다. 실제로 우리 기수가 졸업하던 해. 성서신학원은 문을 닫았다.

하나님의 타이밍이 아니었다면, 나는 그 은혜의 자리에 설 수조차 없었을 것이다.

돌아보니, 신학을 공부하게 된 과정 자체가 하나님의 블랙박스 안에 기록된 중요한 한 페이지였다.

주님은 나를 학문으로 부르신 것이 아니라, 십자가 복음을 새롭게 붙들게 하시고, "나는 주님의 것입니다."라는 고백을 삶으로 살아내도록 이끄신 것이었다.

"내가 나 된 것은 하나님의 은혜로 된 것이니…" (고린도전서 15:10)

바울의 고백처럼 하나님의 블랙박스는 언제나 내 삶보다 앞서 열리고 있었다. 그 속에서 나는 하나님 나라를 함께 살아가는 제자로 빚어져 가고 있었다. 그 사실 하나만으로도, 오늘 나는 다시 순종할 용기를 얻는다.

### 묵상

'순종'은 늘 쉽지 않았다. 발목 골절, 코로나19, 차가 없음, 운전에 대한 두려움…. 모두가 도망치고 싶은 내 마음의 표현이었고, 그 속에서 나는 마치 기드온처럼 하나님께 조건을 내걸며 회피하려 했다. 그러나 하나님의 블랙박스는 내 계산을 넘어서는 전개를 이미 준비하고 계셨다.

남편의 손에 이끌려 도착한 마티즈, 직진 하나로 이어지는 신학원으로 가는 길, 넓게 열린 주차장 등. 그 모든 순간 속에서 나는 하나님을 다시 보게 되었다. 신학을 공부하는 자리보다 더 큰 은혜는, 섬김을 삶으로 보여 주신 백만숙 목사님을 통해 "주님은 나의 주인이십니다."라는 고백을 진심으로 배우게 하신 것이다.

무거운 마음으로 시작했지만, 눈물로 다녔던 첫 학기 동안 하나님은 내 마음을 기쁨으로 채워 주셨다. 그 과정에서 주님은 "진짜 섬김은 억지가 아니라 기쁨"이라는 메시지를 조용히 새겨 주셨다. 그리고 신학원이 문을 닫은 지금 돌이켜보니, 그 모든 시간은 하나님의 완벽한 블랙박스 안에서 가장 선한 때, 가장 선한 방법으로 내게 열어 주신 은혜의 시간이었음을 알게 된다.

📖 말씀

"그러나 내가 나 된 것은 하나님의 은혜로 된 것이니 내게 주신 그의 은혜가 헛되지 아니하여 내가 모든 사도보다 더 많이 수고하였으나 내가 한 것이 아니요 오직 나와 함께 하신 하나님의 은혜로라." (고린도전서 15:10)

 기도문

주님, 제가 늘 핑계를 대며 도망치려 했을 때도, 주님은 제 길을 멈추지 않고 이끌어 주셨습니다.
내가 조건을 내걸고 회피했을 때도, 하나님의 블랙박스 안에는 이미 준비된 길이 있었음을 고백합니다.
주님, 공부가 목적이 아니라 복음을 알게 하시고, 지식이 아니라 섬김을 배우게 하신 은혜에 감사합니다.
제가 "나는 주님의 것입니다."라는 고백을 잊지 않고, 매일의 삶에서 순종으로 살아가게 하소서.
오늘도 제 앞에 열어 주신 길을 두려움 없이 걸어가며, 주님의 뜻을 따르는 제자가 되게 하소서.
예수님의 이름으로 기도드립니다. 아멘.

네팔 선교를 앞둔 날, 친정 부모님께서는 달러로 환전한 돈과 편지를 내게 주셨다.
"하나님이 너와 함께하실 거야."
짧은 한마디에 아버지의 믿음과 축복이 담겨 있었다.

# 18. 그리스도인이라 불리는 이름

여름성경학교 설교 시간, 아이들에게 화면 속 내 사진을 보여 주며 물었다.

"이 사람이 누구일까요?"

아이들은 한목소리로 "전도사님이요!"라고 대답했다.

사람들이 나를 부르는 호칭은 다양하다. 엄마, 권사님, 선생님, 강사님, 고객님… 상황과 장소에 따라 이름은 바뀐다. 그러나 변하지 않는, 그리고 평생 듣고 싶은 이름은 단 하나다. 바로 '그리스도인'이다.

아동부 설교를 맡은 지 어느덧 8년 차. 그중 7년 가까운 시간 동안 주일은 새벽 3시에 시작되었다. 준비한 말씀을 다시 확인하고, 예배 순서를 점검하는 시간이었다. 돌이켜 보면, 말씀과 예배를 준비하는 일은 나에게 '거룩함'을 삶의 기본으로 삼게 하는 훈련이었다. 세속적인 화려함은 없을지라도, 하나님은 나를 순종하는 사람, 하나님이 쓰시고자 하는 그릇으로 빚어 가셨다.

기질도, 성품도, 생각도, 수많은 시행착오를 지나며 나는 삶 속에서 늘 묻는 사람이 되었다.
'예수님이라면 어떻게 하셨을까?'

하나님께서 내게 주신 재능은 모두 하나님 나라를 위해 쓰이도록 계획된 것이었다.
이 책에 다 기록하지는 못했지만, 나의 직업은 은행원, 군인, 미용사, 어린이집 교사, 강사, 그리고 평신도 사역자다. 그 어느 것도 내가 애써 찾아간 길은 아니었다.
하나님은 언제나 먼저 길을 여시고, 나를 다양한 직업의 현장 속으로 보내셨다.

이제야 알겠다.
그 모든 자리가 우연이 아니라, 하나님의 일꾼으로 세우기 위한 훈련의 과정이었다는 것을. 그 모든 경험이 하나님의 블랙박스 속에 고스란히 기록되어 있었고, 그 안에서 하나님은 당신의 뜻을 조용히, 그러나 정확히 이루어 가고 계셨다.

그리고 이제 깨닫는다.

내게 주어진 고통 또한 하나님의 선물이었다는 것을. 그 고통은 생명을 지키기 위한 하나님의 방식이었고, 같은 실수를 반복하지 않게 하는 하나님의 사랑이었다.

하나님은 내 삶의 모든 장면을 통해 나를 빚고 계셨다.

그분의 손안에서 내 모든 재능과 눈물, 그리고 시간이 결국 하나님 나라를 위한 이야기가 되었다.

군 복무 시절, 결혼을 하게 된다면 사모가 되고 싶다는 생각을 잠깐 한 적이 있었다. 군종병과에서 근무하다 보니 만나는 사병들이 대부분 신학생들이었지만, 그런 인연은 이어지지 않았다. 지금 돌이켜보면, 하나님께서는 내 기질이 사모의 기질이 아님을 이미 아셨기에 그 꿈을 허락하지 않으신 것 같다.

매주 만나는 아동부 아이들은 나에게 '하얀 도화지'다. 그러나 그 위에 그림을 그리는 사람은 내가 아니다. 나는 매일 하나님께 묻고 또 묻는다.

"하나님, 어떻게 하면 좋을까요?"

"선생님들이 힘들다고 하지 않을까요?"

"아이들이 올까요?"

"어떻게 준비할까요?"

단순한 질문이지만, 하나님은 언제나 그 물음에 반응하셨다. 그리고 나는 하나님과 함께 그 도화지를 채워 간다.

고등학교 1학년, 열일곱 살의 나의 기도가 하나님의 블랙박스에 고스란히 저장될 줄 그때는 몰랐다.

"하나님, 말더듬이인 걸 들키고 싶지 않았어요. 기도 담당일 때 일부러 지각도 했어요. 용서해 주세요. 그래도 결석은 안 했잖아요. 하나님, 저도 말을 잘하고 싶어요. 만약 말을 잘하게 된다면 오늘부터 주일학교 선생님을 하겠습니다. 아니, 평생 하나님 말씀을 가르치는 교사가 되겠습니다."

왜 하나님께서 평신도로도 감당할 수 있는 일을 굳이 나를 사역자의 길로 부르셨는지, 지금도 다 알 수는 없다. 다만 분명한 것은 이 길이 결코 쉽지 않다는 사실이다. 나 역시 상처를 받으면 아프다. 그러나 어떤 날은 아파도 아픈 줄조차 모른다. 교회만 생각하면 신이 나기 때문이다. 나는 참 단순하다. 하나님의 일을 할 때는 복잡하게 계산하지 않는다. 교회 사역의 모든 일정을 주님께 맡겼기에, 주님께서 사람을 붙여 주시고, 지혜를 주셔서 하나님의 뜻이 땅 위에 이루어지는 것을 그저 신기하게 바라볼 뿐이다.

　나의 건강을 염려하며 "아프지 말라"고 권하는 동역자들의 마음을 나는 안다. 그러나 정작 내 머릿속은 온통 교회 생각뿐이다. 여름사역을 마친 지 얼마 되지 않았는데도 벌써 성탄발표회를 어떻게 준비해야 할지 하나님께 묻고 또 묻는다. 자료를 찾아보며 마음이 들떠 있는 나를, 누가 말릴 수 있을까?

　그러나 쉬어야 할 때는 어김없이 하나님이 아주 깔끔하게 나를 눕히신다. 태어나 처음으로 이석증을 앓으며 9일 동안 병원 침상에 누워 있었다. 휴대폰조차 볼 수 없게 하시고, 아무것도 하지 못하게 멈추게 하신 것은 하나님만이 하실 수 있는 솜씨였다. 그분은 내 열심조차 주님의 손에 멈추게 하시고, 다시금 "사역도, 생명도 모두 내 것"이라는 사실을 알게 하셨다.

　주의 일에는 언제나 주의 손이 함께하신다. 그 사실 하나가 오늘도 나를 다시 일으켜 세운다.

### 🕯 묵상

변하는 호칭 속에서도 변하지 않는 이름, '**그리스도인**'.
그 이름은 나의 부르심이자, 평생 지키고 싶은 정체성이다. 사역의 열심 가운데서도 하나님은 때로 나를 멈추게 하시고, 다시 일으켜 세우신다. 주님의 손길은 언제나 쉼과 회복 속에서 더 선명해진다. 오늘도 하나님과 함께 하얀 도화지를 그려 나간다.

###  말씀

"두려워하지 말라 내가 너와 함께 함이라 놀라지 말라 나는 네 하나님이 됨이라 내가 너를 굳세게 하리라 참으로 너를 도와 주리라 나의 의로운 오른손으로 너를 붙들리라." (이사야 41:10)

### 🖐 기도문

주님, 많은 이름으로 불려도, 결국 제 삶에서 가장 귀한 이름은 '그리스도인'임을 고백합니다. 사람들의 기대보다, 주님의 뜻을 따라 살게 하시고, 제 호칭보다 주님의 이름이 제 삶을 증거하게 하소서.
저의 열심조차 주님의 손에 멈추게 하시고, 다시 일으켜 세워 주시는 은혜에 감사합니다. 사역도, 생명도 모두 주님의 것이오니 제 삶을 온전히 주님의 손에 맡깁니다. 힘들다 말하기보다 주님의 십자가를 바라보게 하시고, 늘 주님의 오른손이 붙드심을 경험하게 하소서. 예수님의 이름으로 기도합니다. 아멘.

맥추감사주일 찬양잔치의 사회를 맡아 진행하는 모습

## 19. 블랙박스가 열리던 날

 열심히 산 것이 아니라, 사실은 욕심이 많아 완벽하게 살고 싶어 분주하게 달려왔다. 가정에서도, 직장에서도, 맡은 모든 자리에서 완벽하게 인정받으며 살고 싶었다. 그러나 그렇게 뛰다 보니, 어느 순간부터는 일에 중독되어 있었고, 아내로서도, 엄마로서도 미안함이 쌓여 갔다.

 가장 미안했던 날이 있다.
 남편이 정성껏 지은 단독주택으로 이사하는 날, 하필이면 1박 2일 여름성경학교 첫째 날이었다.
 "괜찮아요. 신경 쓰지 말고 성경학교 하세요." 가족들이 그렇게 말해 주었지만, 마음 한쪽이 편치 않았다.
 첫째 날 일과를 마친 후, 저녁 늦게 조용히 새집으로 갔다. 커튼도 달려 있지 않은 거실, 밖에서 훤히 보이는 그 공간에서 세 식구가 늦은 야식을 먹으며 첫날 저녁을 보내고 있었다. 그 모습이 그렇게도 미안하고 가슴에 남았다.

그러던 어느 날, 내 몸에 이상이 찾아왔다.

처음엔 중년 여성이라면 겪는 흔한 갱년기 증상이라고 여겼다.

강의가 있는 날엔 졸음운전을 견디려고 뺨을 때려 가며 운전했고, 목소리가 잠기거나, 티슈 한 장도 무겁게 느껴질 만큼 피곤한 날도 있었다.

그런데 목 주변에 덩어리가 만져지기 시작했다. 주변 강사님들이 "갑상선 검사를 받아보라"고 권했고, 검진 결과 오른쪽 갑상선에 암이 의심된다는 소견을 받았다.

사흘 뒤, 조직검사 결과는 '암'이었다.

크기는 작았지만 전이가 쉬운 림프 가까이에 있어, 빠른 수술이 필요했다.

그 소식을 들었을 때 제일 먼저 떠오른 사람은 남편이었다.

내 일을 언제나 인정해 주고, 묵묵히 뒤에서 격려해 주었던 남편에게 돌아가는 보답이 질병이라니… 너무 미안했다. 돈을 벌기 위해 건강을 버리고, 다시 건강을 회복하기 위해 그동안 번 돈을 다 써야 할 수도 있겠다는, 허무한 깨달음이 마음을 스쳤다.

그리고 떠올랐다. 이미 천국에 가신 조영임 권사님, 그리고 작년에 수술받으셨던 백만숙 목사님.

그분들의 얼굴이 차례로 스쳐 갔다.

특히 백 목사님이 하셨던 신 말씀이 마음속에 또렷이 울려왔다.

"어떤 정보에도 휘둘리지 말고, 하나님께만 물어라."

그 말은 단순한 조언이 아니라 내 영혼을 붙드는 하나님의 음성이었다. 그 순간 나는 결심했다. 이제는 어떤 불안도, 어떤 정보도 아닌 하나님의 말씀 앞에만 서기로 했다.

남편은 새벽예배에 나갈 때 나도 깨우라고 했다. 그렇게 2주 동안 남편과 함께 새벽예배를 드리며, 주님 앞에 내 마음을 쏟아 놓았다. 수술 후 45일간 암 병동에 머무는 동안 성경을 읽으며, 말씀만이 나의 위로와 힘임을 다시 확인했다.

2022년에 우리 식구들은 총 네 권으로 구성된 성경 쓰기 책을 권별로 나누어 필사를 시작했다. 각자 맡은 1권을 쓰자고 분담했지만, 여러 사정으로 끝내 마무리하지 못했다. 그러나 하나님은 멈춘 자리에서 다시 힘을 주셨고, 결국 미완으로 남아 있던 성경 필사를 완성하게 하셨다.

그 과정은 단순한 '쓰기'가 아니었다. 말씀을 손끝으로 따라가며 기록하는 시간은, 곧 하나님과 깊이 대화하는 시간이었다. 멈췄던 여정을 다시 이어 주신 것도, 마침내 완성의 기쁨을 누리게 하신 것도 모두 하나님의 은혜였다. 특별히 구약에서 가장 궁금했던 열왕기상·하를 정독하며, 말씀 속에서 나를 다루시는 하나님의 섬세한 손길을 느꼈다.

돌아보니 하나님은 이미 여러 차례 몸과 마음에 경고를 보내셨다. 그럼에도 나는 내 고집대로 달려왔다. 그러나 하나님은 나를 멈추게 하셨고, 가족의 소중함을 일깨워 주셨고, 하나님보다 앞서지 않는 법을 가르치셨다. 이제는 내가 책임질 것이 없다. 하나님께서 일하신다.

그리고… 2024년 9월 4일, 수요일 오후. 담임목사님의 주일 설교 영상을 시청하던 중, 갑자기 가슴이 뜨거워지고, 머리에 번개가 친 듯 멍해졌다. 내 유년 시절부터 지금까지의 하나님과 나 사이의 알 수 없는 연결이, 파노라마처럼 흘러갔다.

그 순간 하나님께서 말씀하셨다.

"너는 나에게 말을 했고, 나는 기억한다. 그것을 잊지 말고 기록해라."

"하나님, 무슨 말씀이세요? 제가 무엇을 하기를 원하세요?"
"기록해라."

하염없이 눈물이 흘렀다. 곧이어 어떻게 기록해야 하는지, 필름처럼 장면들이 스쳐 갔고, 마지막으로 '하나님의 블랙박스'라는 책 제목을 주셨다. 그 순간 하나님과의 대화는 끝났지만, 내 심장은 거침없이 뛰었고 눈물은 멈추지 않았다.

그날, 나의 블랙박스가 열렸다. 그 안에는 하나님의 동행의 흔적이, 그리고 내가 잊고 지낸 기도와 눈물이 고스란히 담겨 있었다.

### 묵상

하나님은 우리가 했던 기도를 잊지 않으신다. 우리가 잊어버린 시간 속의 눈물과 간구도, 하나님의 블랙박스 안에 고스란히 보관되어 있다. 때가 되면, 하나님은 그것을 열어 보여 주시며, 여전히 우리와 함께하심을 확증하신다.

### 말씀

"나의 유리함을 주께서 계수하셨사오니 나의 눈물을 주의 병에 담으소서. 이것이 주의 책에 기록되지 아니하였나이까." (시편 56:8)

기도

사랑의 하나님,

제 삶을 돌아보니 분주함 속에서 주님보다 앞서 달려온 날들이 많았습니다.

그러나 연약한 제 몸과 마음을 멈추게 하시고,

다시 주님 앞에 서게 하신 것은 은혜임을 고백합니다.

제가 흘린 눈물과 잊어버린 기도까지

하나님의 블랙박스 안에 담아 두셨다가

때가 되면 열어 보여 주심을 믿습니다.

이제는 제 삶의 주인이 제가 아님을 인정합니다.

모든 일의 시작도, 과정도, 끝맺음도

하나님께 속하여 있음을 고백합니다.

주님, 제 인생을 기록하시고 완성하시는

그 크신 손길을 끝까지 신뢰하게 하소서.

남은 생애가 오직 하나님의 영광을 드러내는

간증으로 쓰이게 하소서.

예수 그리스도의 이름으로 기도드립니다. 아멘.

가족과 함께 완성한 성경 필사.
말씀으로 이어진 사랑의 기록.

## 20. 눈물의 기도로 세워지는 믿음의 가정

김 집사의 딸은 중학생이 되면서 주일 예배에 지각하기 시작했다. 사춘기에 접어들자 아침마다 "교회 안 간다"며 이불을 덮어쓰고 버티기 일쑤였다. 답답함이 쌓인 김 집사는 결국 참지 못하고 이불을 걷어내며 억지로 일으켜 세우려 애썼다. 딸은 눈도 뜨지 않은 채 대꾸도 없이 반항으로 맞섰고, 그 모습을 보며 김 집사 역시 마음이 무너졌다. 옆에서 아무 말 없이 상황을 지켜보던 남편을 향해 불만이 터져 나왔다.

"당신은 아빠면서 왜 아이한테 아무 말도 안 해요? 같이 좀 나서서 교회 가자고 해 줘야지요!"

하지만 남편은 말없이 지켜볼 뿐이었다. 결국 김 집사의 불만은 남편에게까지 향했고, 부부 사이마저 갈등이 깊어졌다. 그 옆에서 이 모든 광경을 지켜보던 3살 어린 아들은 속으로 다짐했다.

"엄마 힘들게 하고 싶지 않다. 난 고 3까지만 교회 다녀야지…."

부끄럽지만, 그것이 지난날 우리 집의 주일 풍경이었다. 신앙을 지켜내고 싶다는 간절한 마음이었지만, 결국은 내 조급함과 율법적인 태도가 더 큰 상처를 남겼다. 기다려 주지 못했고, 내 신앙의 틀에 자녀를 억지로 끼워 맞추려 했던 그 시간들은 훗날 아이들에게 좋지 않은 반향으로 돌아왔다.

세월이 흐르고 자녀들이 성인이 된 지금, 나는 십자가 복음을 바로 깨닫고 나서야 비로소 알게 되었다. 신앙은 강요로 세워지지 않는다는 것을. 부모의 미숙한 신앙이 자녀를 힘들게 했음을 인정할 수밖에 없었다. 그래서 나는 자녀들에게 진심으로 용서를 구했다. 이제는 강요가 아니라 기다림으로, 율법이 아니라 눈물의 기도로 자녀들을 품고자 한다.

지금은 매일 새벽마다 눈물로 기도 항아리를 채워 간다. "교회 가자"라는 말 대신, 부부가 함께 예배드리는 모습을 보여 주며 하나님 나라를 가정에서부터 세워 간다. 집안에 흐르는 찬양에 딸이 찬양의 가사에 흥얼거리는 소리, 아들이 성경에 대해 질문하는 작은 모습 하나에도 감사가 넘친다. 주일마다 온 가족이 함께 예배드릴 날을 "미리 감사"로 올려드리며, 하나님이 이루실 날을 기다린다.

어느 주일, 주차 봉사를 마친 남편이 내 옆에 와 함께 예배를 드렸다. 그 순간, 놀라운 광경이 펼쳐졌다. 내 눈앞에 아들이 손을 들고 찬양하는 모습이 환상처럼 겹쳐 보였던 것이다. 현실과 하나님의 약속이 한 장면에 포개지며, 나는 벅찬 눈물로 그 자리에 서 있었다. 마음속으로 속삭였다.
"딸아, 이 모습을 기억해라. 곧 함께 예배드릴 날이 올 것이다."
그때 하나님께서 위로의 음성을 주셨다.
"곧 온 가족이 함께 예배드리게 될 것이다."

나는 아직 '마라나타'를 마음껏 부르지 못한다. 주님 다시 오시는 날, 내 사랑하는 딸과 아들이 구원의 확신 속에 함께 서 있기를 바라기 때문이다. 그러나 믿는다. 눈물의 기도가 반드시 열매 맺고, 하나님께서 우리 가정을 믿음의 세대로 세워 가실 것을. 언젠가 우리 가정이 함께 기쁨과 감격으로 '마라나타'를 찬양하게 될 날을 소망한다.

얼마 전, 나는 성인이 된 자녀들에게 물었다.
"인서야, 너에게 집은 어떤 곳이니?"

"이삭아, 너에게 집은 어떤 곳이니?"

아이들의 대답은 내 마음에 깊은 울림을 주었다.
"집은 편안한 곳이에요. 안정이 있는 곳이에요. 엄마, 아빠와 함께 있어도 편안해요."

나는 감사의 눈물로 아들의 볼을 쓰다듬으며 속으로 고백했다.
"그래, 바로 그것이 천국이란다. 하나님이 우리 가정에 주신 작은 천국이란다."

오늘도 나는 확신한다.
내가 흘리는 기도가 하나님의 블랙박스 안에 기록되고 있음을.
그 기록이 열리며 응답으로 나타날 날이 반드시 오리라.

 묵상

가정은 하나님께서 허락하신 가장 작은 교회이며, 하나님 나라의 모형이다. 강요와 율법으로는 결코 세워지지 않지만, 눈물의 기도와 기다림 속에서 하나님이 친히 믿음의 터전을 놓으신다. 자녀들의 고백

속에서 집이 편안하고 안정된 곳이라 들을 수 있었던 것은, 하나님께서 우리 가정 안에 이미 천국의 평안을 심어 주셨기 때문이다. 오늘도 하나님은 부모의 눈물을 기억하시며, 믿음의 세대로 세워 가실 것을 확증하신다.

 말씀

"이르되 주 예수를 믿으라 그리하면 너와 네 집이 구원을 받으리라 하고." (사도행전 16:31)

 기도

하나님 아버지,
부족한 저의 조급함과 미숙함으로 자녀들을 힘들게 했던 지난날을 고백합니다.
그럼에도 우리 가정을 끝내 붙드셔서, 자녀의 입술로 "집은 편안한 곳, 안정이 있는 곳"이라 고백하게 하심을 감사드립니다.
주님, 이제는 강요가 아닌 기도로, 율법이 아닌 은혜로 자녀들을 품게 하소서.
우리 가정이 먼저 하나님 나라를 누리며, 믿음의 세대로 세워지게 하소서.
마침내 온 가족이 함께 주 앞에 서서 '마라나타'를 찬양하는 날이 오도록, 오늘도 제 눈물의 기도를 주님의 블랙박스 안에 기록하시고 응답하여 주소서.

예수님의 이름으로 기도드립니다. 아멘.

2025년 추석, 아들 제대 기념.
홍콩 익청빌딩 앞에서 함께한 감사의 순간.

# 21. 눈 덮인 아침,
# 사역자의 교만을 꺾으신 하나님

2025년 1월 5일, 주일 아침.

새해 첫 아동부 예배를 준비하면서 나는 무척 들떠 있었다. PPT 디자인도 새롭게 꾸미고, 찬양도 정성껏 구성하며 마지막까지 점검을 마쳤을 때, 내 마음은 이미 스스로 만족으로 가득 차 있었다.

"이 정도면 충분하다."

심지어 토요일 저녁에 예배팀에게 바로 메일로 보낼까 하는 생각까지 스쳤다. 그러나 늘 그래왔듯 주일 새벽에 다시 한번 확인한 뒤 보내기로 하고 잠자리에 들었다.

그런데, 주일 아침. 컴퓨터를 켜는 순간 나는 눈을 의심했다. 분명 저장해 두었다고 확신했는데, 준비한 예배 자료가 흔적도 없이 사라져 있었다. 허공을 향해 "어떻게 이럴 수 있지?"를 수없이 되뇌며 망연히 앉아 있었다. 마음속에는 지난 한 주간 나의 안일함과 교만이 떠올랐다. "내가 잘

했다"는 은근한 자만이 결국 무너져 내린 순간이었다. 나는 무릎 꿇은 심정으로 "잘못했습니다"라는 고백을 반복하며 자료를 다시 만들기 시작했다.

그때 창밖을 보았다. 온 세상이 눈으로 뒤덮여 있었다. 분명 일기예보에는 눈 소식이 없었는데, 눈은 여전히 내리고 있었다. 높은 지역에 살다 보니 겨울이면 항상 차를 도로변에 세워 두는데, 이번엔 방심했던 것이다. 눈이 쌓여 버린 길을 보며 할 말을 잃었다. 남편과 함께 버거운 눈을 치우던 중, 내 마음에 하나님의 말씀이 또렷하게 울렸다.

**"네 발에서 신을 벗으라. 네가 선 곳은 거룩하니라."** (여호수아 5:15)

그 순간 깨달았다. 지난 한 주간, 내 경험과 의지를 앞세웠던 사역자의 교만을 꺾으시고, 내가 쌓아 온 경험과 준비가 아니라, 오직 순종으로만 예배의 자리에 서기를 원하셨던 것이다. 눈 덮인 아침은 단순한 날씨가 아니라, 나를 멈추게 하시고 대면하시려는 하나님의 초자연적 사건이었다.

우리 부부는 당황할 수밖에 없었다. 차를 빼내려 여러 번

시도했으나, 뒷바퀴는 계속 미끄러졌다. 결국 우리는 1부 예배를 포기하고 버스로 가기로 결정했다.

그때 남편은 잠시 집으로 들어왔다가, 문득 염화칼슘을 떠올렸다고 한다. "혹시나 하는 마음으로, 그냥 한번 뿌려 보자." 그저 작은 순종이었다. 그런데 놀랍게도 그 순간 눈이 멎고, 도로 사정이 나아졌다. 다시 차를 몰아 보니 미끄러지지 않고 도로로 빠져나올 수 있었다. 결국 우리는 20분 늦게 신년예배에 도착할 수 있었다. 그 예배는 화려한 PPT보다, 완벽한 자료보다, 회개와 눈물이 더 깊이 스며든 예배였다. 하나님은 눈 덮인 아침을 통해 내 교만을 멈추게 하셨고, "네 힘이 아니라 내 은혜로 서라"는 음성을 들려주셨다.

후에 남편이 고백했다.

"솔직히 내 지식에서 나온 판단이 아니었어. 그냥 마음에 떠올라서 염화칼슘을 뿌린 건데, 지금 생각해 보면 그게 순종이었던 것 같아."

그날은 단순히 눈이 멎은 아침이 아니었다. 하나님께서는 같은 환경 속에서, 남편과 아내가 동일한 신앙의 고백을 하도록 이끄셨다. 순종 앞에서 부부가 함께 믿음을 고백한 사건, 그것은 분명 하나님의 블랙박스에 기록된 은혜의 장면이었다.

### 묵상

하나님은 때때로 사역자의 교만을 꺾으시고, 순종의 자리로 불러내신다. 완벽한 준비와 열심이 예배를 세우는 것이 아니라, 무너진 마음을 회개하며 다시 주님께 나아가는 순종이 예배를 세운다. 눈 덮인 아침은 단순한 날씨가 아니라, 사역자의 교만을 멈추게 하신 하나님의 사건이었다.

### 말씀

"그러나 더욱 큰 은혜를 주시나니 그러므로 일렀으되 하나님이 교만한 자를 물리치시고 겸손한 자에게 은혜를 주신다 하였느니라." (야고보서 4:6)

###  기도

겸손의 주님,
내 열심과 준비가 아니라,
겸손과 순종으로만 예배의 자리에 서게 하소서.
교만을 꺾으시고 은혜를 더하시는 하나님을
날마다 기억하며,
주님만 의지하는 사역자가 되게 하옵소서.
예수님의 이름으로 기도드립니다. 아멘.

**에필로그**

# 오늘도 "녹화 중"

 돌이켜보면 내 인생의 어느 장면도 우연히 지나간 적이 없었습니다.

 닫힌 파란 대문 앞에서 드린 첫 기도, 전화벨로 끊어진 술잔의 유혹, 독서실 액자 앞에서 '보였다'던 그 얼굴, 깜깜한 산속에 울리던 물소리, 수면제를 삼킨 밤에도 아침을 열어주신 손길, 광야 같은 군 생활에서 받은 세례, 말 더듬던 혀를 고치시고 예배를 인도하게 하신 은혜, 그리고 가족과 교회와 사명의 자리까지—모든 순간은 하나님의 블랙박스 안에 정밀하게 기록되어 있었습니다. 내가 잊은 날조차 하나님은 잊지 않으셨고, 내가 모른 길 위에서도 하나님은 앞서 준비하고 계셨습니다.

 나는 한때 완벽을 꿈꾸었고, 일과 인정에 중독되어 스스로를 다그치며 살았습니다. 그 속에서 가족에게 미안함이 쌓였고, 몸은 신호를 보냈습니다. 수술대 위의 한 모퉁이,

병실의 새벽, 성경을 붙잡고 울던 시간—하나님은 나를 멈추게 하시고 다시 순서를 가르치셨습니다. "하나님 안에서, 하나님과 함께, 하나님을 향하여." 내가 주(主)가 아닌 자리, 하나님이 주(主)가 되시는 자리로.

2024년 9월 4일 오후, 설교 영상을 보다가 번개처럼 스친 그 음성—"기록해라."

그때 나는 알았습니다. 이것은 회고가 아니라 순종이라는 것을. 하나님이 시작하신 일을 내가 글로 따라 적는 것, 그분의 블랙박스를 열람하며 오늘의 믿음을 다시 고백하는 것. 그래서 이 책은 '내 이야기'지만 동시에 '하나님이 하신 일'의 사건 기록입니다. 하나님은 나의 실수와 굴곡마저 잊지 않고, 때가 되면 은혜의 증거로 꺼내 보이십니다.

2025년 1월 5일, 아동부 첫 주일 설교를 앞두고 자만과 경솔을 반성하게 하신 사건도 그 연장선입니다. "이 정도면 되겠지"라는 내 판단을 내려놓게 하시려고, 아무 예고도 없이 내린 눈, 멈춘 발, 그리고 다시 열린 길.

"네 발에서 신을 벗으라 네가 선 곳은 거룩한 곳" (여호수아 5:15)—하나님은 환경으로, 시간으로, 기상으로도 말씀하셨습니다. 결국 우리는 20분 늦은 예배에 숨 가쁘게 들어섰고, 회개와 감사가 첫 찬양보다 먼저 흘렀습니다. 그날의 눈

(雪)은 불편이 아니라, 은혜를 또렷하게 찍어 주는 하얀 배경이었습니다. 하나님은 오늘도 나의 교만을 녹여 순종으로 이끄십니다.

하나님은 사람을 통해 일하셨습니다.

꾸짖기보다 기다리시던 초강교회 담임목사이셨던 故 이봉환 목사님, "지금이 기도할 때"라며 새벽을 지킨 구역장님, 보이지 않는 곳에서 기도의 숨결을 남기신 권사님, 묵묵히 동행해 준 남편, 울음을 웃음으로 바꾸어 주는 아이들, 교회와 동역자들, 그리고 어느 날엔가 표정 하나, 문자 한 줄로 내 마음을 붙들어 준 친구들까지. 그들의 사랑은 "하나님이 보낸 사람"이라는 푯말을 달고 내 곁을 지나갔습니다. 하나님은 관계라는 통로에 은혜를 흘리시고, 그 흔적을 또렷하게 기록하십니다.

이제 나는 압니다. 하나님이 허락하신 공부도, 직장도, 선교도, 강의도, 가정도—모두 '사용'을 위한 '준비'였다는 것을. 잘하게 된 후에 부르신 게 아니라, 순종하라고 부르셨기에 가르치시고 사용하셨다는 것을. 그러니 내일의 계획을 다 알지 못해도 괜찮습니다. 블랙박스가 켜져 있고, 조종사는 하나님이시니까요. 나의 몫은 오늘도 작은 "예." 그 한마디면 충분합니다.

이 책을 덮는 지금, 내 마음에 남는 두 가지 기도가 있습니다.

**첫째, 기억의 은혜.**

하나님, 내가 잊었어도 주께서 잊지 않으신 그 기도들을, 그 눈물들을, 그 작은 순종들을 감사히 받습니다. 부디 내 기억이 흐려질수록 주의 기억이 더 또렷이 열려, 다음 세대의 믿음을 일깨우는 증거가 되게 하소서.

**둘째, 현재의 순종.**

하나님, 내일의 큰 결단보다 오늘의 작은 순종을 택하게 하소서. 박수보다 무릎을, 계획보다 기도를, 속도보다 방향을 사랑하는 제자가 되게 하소서. 주께서 "기록해라." 하신 그 음성을 잊지 않고, 오늘도 한 줄, 한 걸음 적어 내려가게 하소서.

혹시 이 책을 읽는 누군가가 지금 '닫힌 대문' 앞에 서 있다면, 혹은 '파출소 문을 열자'의 순간을 기다리고 있다면, 또는 '보이지 않는 얼굴' 앞에서 마음이 얼어붙어 있다면— 부탁드립니다. 아주 짧아도 좋습니다. 한 문장이라도 좋습니다. 기도하십시오. 하나님은 어린아이의 기도에도, 지친 부모의 기도에도, 눈물 젖은 믿음의 기도에도 응답하십니다. 그리고 그 응답을 당신의 블랙박스에 기록하십니다. 때가 차면, 당신의 시간표 위에 그 장면을 열람시켜 주실 것입니다.

마지막으로, 내 인생의 가장 소중한 이름—'그리스도인'이라는 이름을 허락하신 하나님께 감사드립니다. 부르심은 특권이었고, 동행은 위로였으며, 기록은 은혜였습니다. 이제 책의 마지막 장을 넘기지만, 하나님의 기록은 끝나지 않습니다.

오늘도, 여전히, **"녹화 중."**

"너는 내게 부르짖으라 내가 네게 응답하겠고 네가 알지 못하는 크고 은밀한 일을 네게 보이리라." (예레미야 33:3)

2025년 10월 1일
**하나님의 블랙박스를 열람한 사람, 선애 드림**

# 하나님의 블랙박스

**1판 1쇄 발행** 2025년 11월 14일

**저자** 김선애

**교정** 신선미　**편집** 윤혜린　**마케팅·지원** 이창민

**펴낸곳** (주)하움출판사　**펴낸이** 문현광

**이메일** haum1000@naver.com　**홈페이지** haum.kr
**블로그** blog.naver.com/haum1000　**인스타그램** @haum1007

**ISBN** 979-11-7374-085-5(03230)

좋은 책을 만들겠습니다.
하움출판사는 독자 여러분의 의견에 항상 귀 기울이고 있습니다.
파본은 구입처에서 교환해 드립니다.

이 책은 저작권법에 따라 보호받는 저작물이므로 무단전재와 무단복제를 금지하며,
이 책 내용의 전부 또는 일부를 이용하려면 반드시 저작권자의 서면동의를 받아야 합니다.